本书编委会

福鼎乡镇文史专辑

政协福建省福鼎市委员会文化文史和学习委◎编

海峡出版发行集团 | 海峡文艺出版社

图书在版编目(CIP)数据

贯岭/政协福建省福鼎市委员会文化文史和学
习委编. —福州:海峡文艺出版社,2024.5
(福鼎文史.乡镇专辑)
ISBN 978-7-5550-3596-1

Ⅰ.①贯… Ⅱ.①政… Ⅲ.①乡镇－文化史
－福鼎 Ⅳ.①K295.75

中国版本图书馆 CIP 数据核字(2023)第 252593 号

贯岭

政协福建省福鼎市委员会文化文史和学习委　编

出 版 人　林　滨
责 任 编 辑　邱戊琴
出 版 发 行　海峡文艺出版社
经　　　销　福建新华发行(集团)有限责任公司
社　　　址　福州市东水路 76 号 14 层
发 行 部　0591－87536797
印　　　刷　福建新华联合印务集团有限公司
厂　　　址　福州市晋安区福兴大道 42 号
开　　　本　787 毫米×1092 毫米　1/16
字　　　数　240 千字
印　　　张　13.25　　　　　　　　　插页　2
版　　　次　2024 年 5 月第 1 版
印　　　次　2024 年 5 月第 1 次印刷
书　　　号　ISBN 978-7-5550-3596-1
定　　　价　60.00 元

如发现印装质量问题,请寄承印厂调换

总　序

李绍美

　　福鼎古属扬州，晋属温麻县，隋开皇九年（589）废温麻县改原丰县，唐武德六年（623）置长溪县，清雍正十二年（1734）为霞浦县辖地，归福宁府。清乾隆四年（1739）由霞浦县划出劝儒乡的望海、育仁、遥香、廉江四里设福鼎县，县治桐山。1995年10月，福鼎撤县设市，现辖10个镇、3个街道、3个乡（其中2个畲族乡）、1个开发区。

　　福鼎建县虽不足300年，但人文历史悠久，早在新石器时代就有先民在这块土地上繁衍生息，并因山海兼备的地理特征创造出丰厚和多元的文化，如滨海名山太姥山孕育了太姥文化，依海而生的马栏山先民则开辟了海洋文化。随着时代的发展，福鼎的文化愈发精彩和独特：与浙江交界的叠石、贯岭、前岐等乡镇，接受瓯越文化较为明显，其方言与温州的腔调接近；与长期作为闽东文化中心的霞浦县相近的硖门乡和太姥山镇，受儒家文化影响较深，文风盛于其他乡镇；地处山区的管阳、磻溪等镇和地处滨海的沙埕、店下等镇，在生产方式与生活习惯上均有很大的不同……新中国成立以来，特别是改革开放后，福鼎各乡镇立足各自的区位特点和地方传统，抓住历史机遇，走出了各具特色的发展之路，在经济建设、社会治理、文化繁荣等方面都取得了长足的进步，变化可谓翻天覆地。

　　基于市情，我们改变常规文史工作立足县市层面，把视角下移，提出为辖下的13个乡镇、3个街道、1个开发区编纂文史资料并合出一套丛书的思路，使得政协文史工作更细致入微、更接地气。这一思路得到了福鼎文史界和各乡镇（街道、开发区）的积极支持和大力配合。为了做好这项工作，市政协总体协调，聘请文史研究员跟踪、指导、参与丛书具体编纂事宜，努力推进这项工程量巨大的工作。各个乡镇（街道、开发区）成立工作小组具体落实，有的乡镇与高校合作，借助高校的科研力量；有的乡镇聘请当地文史工作者，借助当地"活地图""活字典"的力量……可谓"八仙过海，各显神通"，使得丛书的编纂进展顺利。

本次系统挖掘整理各乡镇的文史资料，是文史工作的一次创新，而且以乡镇为单位编纂成书，使每个乡镇零散的资料归于系统化，实乃为每一个乡镇写史纂志，对各乡镇的文化建设意义重大。在工作中，很多史料的价值以文史的眼光审视得到重新"发现"，更有不少内容属于抢救性的挖掘整理，十分难能可贵。也因此，这项工作具有开拓性，也更具挑战性。自工作开展以来，镇里、村里的老干部、老"秀才"和"古董"们，市里各个领域的文史爱好者，以及高校研究人员，纷纷热情参与其中，为完成这项浩大的文化工程付出了艰辛的劳动。大家既科学分工，又团结协作，怀抱对乡土的热爱、对家乡的厚谊及对文史的关怀，兢兢业业，埋头苦干，无私奉献，终于使煌煌几百万字的"福鼎文史·乡镇专辑"丛书与大家见面了。该丛书的出版，拓展了福鼎文史工作的广度和深度，使福鼎文史工作有了新的突破、质的提升。

文史工作是政协工作的重要组成部分，是一项有益当代、惠及后世的文化事业，在传播优秀文化遗产、繁荣发展文化事业、推进建设和谐社会等方面都具有十分重要的意义。市政协历届领导班子有重视文史工作的优良传统，以对历史负责的求实态度，尊重社会各界的意见、建议，注重文史人才的培养并发挥他们的积极作用，守正创新，破立并举，推进福鼎政协文史工作长足发展，为福鼎地方文化建设做出了积极贡献。在此，谨向所有关心和支持这项工作的各界人士表示诚挚的谢意！

读史可以明智。历史是昨天的客观存在，是我们认识现实、走向未来的前提和出发点。迈入新时代的福鼎，正孕育着新的希望，让我们紧密团结在党的领导下，一如既往地秉承"肝胆相照，荣辱与共"的方针，与全市人民一道，团结拼搏，鼎力争先，不忘初心，接续奋斗，为加快建设宁德大湾区沙埕湾生态临港产业城市发挥我们应有的作用，做出我们应有的贡献。

是为序。

（本文作者为福鼎市政协党组书记、主席）

序：雄关重镇　边界明珠

李步泉

　　贯岭，地处闽浙交界，北去76千米为温州市区，往南8千米为福鼎市区，是八闽大地的东北门户。改革开放以来，贯岭人民赓续红色基因、传承光荣传统，在民族复兴的伟业中怀揣伟大梦想，鼎力革新、抢抓机遇，将昔日的边陲小镇，打造成如今镶嵌在闽浙边界上的一颗璀璨明珠。

　　贯岭因域内贯岭溪得名。清初属福宁州劝儒乡廉江里十八都，民国初属桐山区。1940年，设秀岭乡。中华人民共和国成立初，属南溪区。1961年，属桐山区。1968年8月，属桐山公社。1970年7月，成立贯岭公社。1983年，改为贯岭区。1987年7月，改为贯岭乡。1992年12月，由乡改镇。全镇总面积79.45平方千米，辖12个行政村、206个自然村，共8960户、24700人，共有28个党支部，共计党员653名。104国道、沈海高速主线及复线、温福铁路、国省干线纵二线、971县道、浙江58省道等穿境而过，拥有3个高速互通口，交通区位优势显著。

一、分水雄关，隘扼八闽

　　贯岭地理位置独特，是闽浙要道。域内遗留不少古代战争遗迹。福鼎市区东北约15千米便是贯岭镇分水关的五代城墙，是迄今保存比较完整的古关隘城墙。关隘始建于五代闽国，为闽王王审知为防御吴越国入侵而建，石构。明嘉靖年间，知州黄良材建造隘房；清乾隆时，福宁知府李拔题"分水雄关"。清学者俞樾由浙江德清往霞浦省亲，途经此处，留诗"岭上严严分水关，令人回首故乡山。归途倘践山灵约，雁荡天台咫尺间"。清咸丰十一年（1861），浙江平阳金钱会义军突袭分水关，灭烽火营张振彪等清兵近百名，后长驱入闽。

　　1958年，闽浙公路（104国道）开通。公路穿隘而过，为闽浙通衢，将城墙一分为二。现存关墙残高2—3.5米，宽0.9米，长近千米。关隘口有清同治七年（1868）碑刻一方，1989年被福鼎县人民政府公布为县级文物保护单位，2001年1月被福建省人民政府公布为第五批省级文物保护单位。

二、红色摇篮，星火燎原

贯岭地处鼎、平、泰两省三县交界处，是战争年代建立革命根据地的理想之地。在这片红色的热土上，演绎着许多惊天地、泣鬼神的感人故事，处处可以寻觅到当年革命斗争的足迹。在战火纷飞的年代，贯岭人民为了追求真理，抛头颅、洒热血，谱写了一曲又一曲荡气回肠、激越人心的革命乐章，尤以"红茗洋"革命根据地久负盛名。早在20世纪30年代初期，茗洋就建立起边界地区第一个地下交通站，播下了革命的火种。以茗洋村为中心的鼎泰区，曾是中共闽浙边临时省委和红军挺进师的主要活动区域。在革命战争年代，贯岭人民踊跃投身革命洪流，在党的领导下，与敌人进行殊死斗争。在这块英雄的土地上，有120多位贯岭好儿女长眠于地下。革命的星火燃遍整个贯岭乃至闽浙大地，创下了彪炳史册、后世敬仰的不朽功勋。

三、民风淳朴，和睦共生

贯岭是个人口不足3万的小镇，除汉族外，还生活着畲、回等少数民族同胞。贯岭的畲族以钟、蓝姓为主，主要聚居于茗洋、邦福和西山等村，其中以茗洋大岗头自然村和邦福杨梅陇自然村为主要聚居地。大岗头自然村居住着40多户、200多位钟姓村民，杨梅陇自然村居住着40多户、200多位蓝姓村民。他们没有自己的文字，但有自己的民族语言——畲语。畲族文化往往以歌言的形式口口相传，以歌代言、以歌叙事、以歌为媒。畲族传统服饰独具特色，亦有自己的节日和婚俗。畲族古为游耕民族，以种粮、种茶为生，聚族而居，一般由几户或几十户聚居成村，形成大杂居、小聚居的特点和布局。畲族村周围是汉族的村落，也有的村落是汉、畲杂居。贯岭的回族有金、丁、郭等姓氏，以郭姓为多，主要分布在透埕和松洋。

几百年来，贯岭的畲、回、汉各族同胞倚山筑田、和睦共生，形成淳朴忠厚的优良民风。中华人民共和国成立后，在党的领导下，各民族之间彼此尊重，相互吸收彼此的优秀文化，形成民族大团结的友好局面。

四、特色农业，硕果累累

贯岭是农业小镇。改革开放之前，全镇绝大部分人都从事农业生产，主要以种植稻谷为主，生产方式比较单一，群众生活十分窘迫。改革开放以来，贯岭镇通过摸索和探究，结合镇情、村情和民情，大力发展特色农业，通过几十年的不懈努力，终于走出了一条适应贯岭镇农业发展的新路子，现已取得显著成效。

贯岭镇是名副其实的槟榔芋、栀子和茶叶之乡。全镇各村都种植槟榔芋，其中以透埕、何坑的槟榔芋最为出名。透埕、何坑为贯岭镇槟榔芋核心种植区，其深耕、倒种、轮作的特殊种植方式，使培育的槟榔芋个大、质优，享誉海内外。茗洋村和分水关村以种植黄栀子为主。春夏时节，上千亩的黄栀子花香袭人，漫山遍野"银装素裹"；

秋冬时节，黄栀子硕果累累，橘红色果实吸人眼球。在黄栀子种植最鼎盛的时期，贯岭镇的黄栀子产量几乎满足了全国对黄栀子的需求，现在成为当地村民的主要经济来源。茶叶栽培和种植是贯岭的另一传统产业，近年来，贯岭将茶产业作为一项绿色生态产业、高效农业和富民产业，不断提高茶叶种植和加工水平，在培育本地茶叶企业基础上，引进市龙头企业，带动贯岭茶产业健康发展。

贯岭镇通过发展特色农业，不断开拓农业生产，激活经济发展，逐步成为具有鲜活生命力的新型农业强镇。

五、与时俱进，整体提高

勤劳的贯岭人民在改革开放的洪流中勇于实践，不断创造佳绩，短短几十年内使贯岭面貌一新。交通便利为经济发展提供了保障，高速路、国道省道县道、水泥硬化乡村道，织成了贯岭纵横交错的发达的交通网。贯岭镇从仅有一家工厂——贯岭弹簧厂，发展到如今已拥有数百家工厂。特色农业的发展、工业园区设施的不断完善，食品谷产业园的谋划，更使贯岭的经济建设走上了快车道，人民的生活水平发生了质的飞跃。随着经济的发展，贯岭的文化、教育、卫生等社会事业也在不断发展，喜闻乐见的"嘭嘭鼓""布袋戏"等非物质文化遗产时常出现在贯岭群众的生活里。贯岭镇教育教学水平在全市同类学校中居上游，培养的人才中不乏清华、北大的学子。

通过几十年的努力和拼搏，贯岭镇夯实了腾飞的基础，路子越走越宽。在建设中国特色社会主义新时代的征程上，贯岭这方烈士用鲜血染红的土地，正续写着实现中华民族伟大复兴的华美篇章！

（本文作者为宁德市人大常委会原副主任）

目　录

民俗风情

物华吟赏

附录：

山川故里

漫话贯岭

朱小陆

贯岭清初属福宁府劝儒乡廉江里十八都。

据清光绪《福鼎县乡土志·第十八都分编》载："治北一十里起为十八都。其山曰荧阳，曰金尖，曰望海，以望海山为奇。水曰透埕，曰乌溪，曰水北溪，曰井头，并以井头井为险且奇。出城北，有声潺潺自水浒来者，水北溪也，阔百丈，上承南溪、乌溪、荧阳诸水，入桐山溪，注于海。滩石廉利侔剑戟，舟上下不得行，士民装运薪草，只用小筏浮驶水面。桥一，远望如长虹，为闽浙通道。"据此可证，贯岭当时的地域北至闽浙边界，南及望海，西至南溪、荧阳等地，东迤透埕、水北，整体方位比现今辖区偏西、偏内陆，涵盖今叠石乡部分区域。又载："村二十有五，北界叠石，南尽大山，东至透埕，西穷沿屿，延袤五十余里，南溪、荧阳、樟峰各村宅其中。"同时，此篇还记载清同治初年秦如虎分水关破金钱会一役，着重指出此地为关隘要地。而且，此地还有许多文物古迹，如后墺后周工部尚书王文焕墓、姚墺宋衡州司户高融墓、贯岭顺昌尉王小回之墓等。篇中还记录了诸山之祖——望海山，西向距海百里的石壁上缀有蛎壳，谓其为山精凝结的灵物，被海风吹送到此，以为奇景。又传山顶有龙井，时而喷吐云气，士人以此检验晴雨。龙井旁有一石室，井灶天然，地下蕴藏着俗称银矿的石磷，闪耀银光。"视荧阳山，飞瀑腾空，雨晴异态；金尖山，峭拔苍翠，中有鱼跳潀，奇尤过之。井头井在悬崖峭壁下，人迹罕到，水黝黑，深不见底。井岩如屋，潀水喷高丈余，作雷雨声，见电光即雨。相传下有龙，不敢逼视，其奇与望海山同。"这些都是贯岭域内的神奇之地。

《福鼎县乡土志》载："登菰岭一望，烟火数百家，屋宇鳞次。山坳中多结茅寮，为居民制纸处。岭畔，古树大十围，鹰隼盘其上，瞪目下视，小鸟过则攫之，洵山村之别一世界也。自此以北，山愈深，地愈僻，而风俗愈古。蚩蚩者氓，率凿井饮，耕田食，老死不相往来，语以秦汉后事，咸诧为异闻。然以其地僻而山深也，往往有虎患。大抵此都乡名多以山川，上坪园、贯岭、大樟、叠石、马山头、樟峰、荧阳、柏粜、庙边、古林、菇岭、沿屿、叠石、大山，以山名；水北溪、透埕、乌溪、龙埠、上墺、河坑、高滩、坑下、王家洋、南溪、库口，以水名。山水信有可观矣，是以多古名人之墓也夫！"山清水秀，村民僻居，结庐修寮，自耕田食，无谓外世，陶渊明笔下的"桃花源"似出此地。

贯岭扼边界咽喉，历来是战乱多发之地。早在东晋元兴二年（403），卢循在永嘉起兵失败后，撤退至战坪洋一带踞守，刘裕率部穷追不舍，在此展开"晋安之战"，故名"战坪洋"。残唐五代时，福建和浙江分裂为闽国和吴越国，闽王屯兵于此，建筑分水关，御吴越，故有"军营""营房"等村名。明正统九年（1444），叶宗留义军曾在此一带活动，举反明义旗。清咸丰十一年（1861），金钱会义军在谢公达率领下在分水关与清军激战。

近代，民国初属桐山区，1940年设秀岭乡，彼时贯岭村与透埕村合并设乡。1946年复改为贯岭。1949年初属南溪区，1950年6月属桐山区。1952年5月成立贯岭区。1956年1月并入桐山区。1958年8月设贯岭人民公社。1959年4月并入桐山人民公社。1961年属桐山区。1968年8月属桐山人民公社。1970年7月成立贯岭人民公社。1983年改为贯岭区。1987年7月改为贯岭乡。1992年12月撤乡设镇。

据1984年福鼎县地名办纂《福鼎县地名录》，时贯岭公社"辖12个大队，219个生产队，235个自然村，2.1962万人，其中畲族367人。畲族主要分布在杨梅垄、大冈夫、七斗等6个村庄"。贯岭现发展为总面积79.45平方千米，辖12个行政村，总人口25366人的乡镇。有87岁退休老人黄广妹以贯岭镇12个行政村名为嵌字作诗3首：

一

溪山毓秀水悠长，底蕴葵花向太阳。

透内梅芯红艳艳，埕周柳絮绿苍苍。

松间黄鹊如梭跃，洋面绿莺似舞狂。

西望夕阳枫染碎，山川无处不风光。

二

何言山坳无能展，坑澳拓宽高厦装。

贯岭民传政策好，岭边工厂哺农创。

排山绘绣迎宾客，头等名牌引贵商。

军助政扶民意定，营销产购业兴扬。

三

分明国计脱贫帽，关注民生奔小康。

茗绿栀黄四海售，洋青榔芋五洲通。

文明建设歌新曲，洋溢和谐社会良。

邦务富民功在党，福临汾岭万年昌。

据周瑞光《以太姥山古赤岸为中枢的浙南地区移民姓氏源流及代表人物的祖籍考述》，温州历史上曾出现两次移民高潮，即唐末五代福建之乱和宋乾道二年（1166）浙南水灾，致闽东地区民众大量涌入浙南，诸多移民在此过程中保留和传播了他们的信仰。现今浙南地区摩尼教遗址之村落居民，其先祖籍贯绝大部分皆为闽东太姥山麓，为唐宋时期摩尼教由太姥山一带自闽转浙提供了有力佐证。这也从侧面说明，很多浙南一带的移民祖上是由闽东迁往。而在贯岭，除了少部分由浙南迁过来的人，绝大部分是贯岭本地人。

贯岭为福鼎主要革命根据地之一，有茗洋、何坑、溪底、透埕等 12 个老区大队，共 116 个老区村，有老区群众 15402 人。1935 年，闽东特委在此开辟革命根据地，于茗洋牛栏冈成立鼎泰区委。1936 年，设闽浙边临时省委直属区。1936 年夏，闽浙边临时省委机关在排头王家山、透埕南峰山等地办公时，遇敌保安团进犯，省委机关直属部队在刘英、粟裕领导下，先后在排头和青山岭消灭敌军 2 个排。革命战争时期，贯岭人民在党的领导下，始终坚持斗争。1949 年 6 月 11 日，贯岭民兵、群众积极配合大军解放福鼎县城，赶制劳军鞋 1000 余双，汇集柴草数百担及大批猪、羊等食物慰问部队，为解放福鼎、支援前线做出积极贡献。

改革开放以来，贯岭镇在两个文明建设方面取得巨大成就，相继兴建了贯岭边界农贸市场大楼和邮电大楼，村村开通程控电话和调频广播，实现镇有线电视与市台并网。1998 年，实现教育"两基"达标。1999 年国庆前，镇 1000 吨自来水扩建改造工程和 35 千伏变电站工程顺利完工。镇中水、路、电、通信等基础设施日臻完善，闽浙边界文明窗口初具雏形。贯岭镇传统经济以农业为主，盛产茶叶、槟榔芋、黄栀子等经济作物，其中槟榔芋（又名福鼎芋）蜚声海内外，畅销中国港澳台和东南亚国家，曾荣获国家外经贸部优质出口创汇土特产品称号，于 2000 年被评为福建省名牌农产品，并被推荐为人民大会堂和钓鱼台国宾馆国宴用品。目前，全镇槟榔芋种植面积在 6000 亩以上，产量达 6000 多吨，年产值上千万元。特产中药黄栀子既可入药，又可萃取天然食用色素，可做化妆品原料，走俏国内外市场。此外，贯岭镇还蕴藏着丰富的矿产资源，有茗洋大岗头金矿、西山辉绿岩、贯岭姚澳里闪长岩等，极具石板材加工业和天然饮料业发展潜力。2021年，全镇工农业总产值达17.65亿元，全镇农民人均收入大幅度提高。

贯岭镇目前拥有文物点17处，其中，建于五代十国的分水关古城墙是省级文物保护单位，建于清朝光绪年间的茗洋村东宫为福鼎市级文物保护单位。非遗代表性项目14个，其中，省级非遗保护单位3个，始发于贯岭邦福的福建百年老字号"张元记"茶叶制作技艺于2016年被国家非遗司授予"非遗技艺薪火相传奖"，红茗洋纪念馆为福建省党史教育基地和福建省国防教育基地。

贯岭镇基础设施日趋完善，经济文化建设不断发展，相信未来一定能在新时代的舞台上续写华章！

贯岭的地理特征

朱小陆

贯岭地处亚热带东南沿海季风区，属中亚热带季风气候，常年温和多雨。春季为3—4月，冷热交替频繁，昼夜温差大，多为低温或连日阴雨天气，空气湿度大。夏季为5—9月，盛行南风或东南风，风由海边吹向贯岭内陆山区，带来丰沛水汽，导致气流上升，故多雨，但持续时间较短，气候湿热，易受台风灾害影响。秋季为10—11月，受海洋影响，降温较慢，秋温高于春温3.5℃—3.8℃，具有秋温显著高于春温的海洋性气候特征。冬季为12月至次年2月，气候干冷，盛行偏北风，北部山地形成天然屏障，能有效阻挡冬季风南下，缓解冬季寒冷。年无霜期达260天。

贯岭一年间春、秋日照时数为12小时，夏至13小时44分，冬至10小时15分，平均年日照时数为4424.1小时。夏季多晴天，少层状云，日照充足，7月日照时数达258.3小时，8月达236.5小时。秋季多晴天，日照时数较多。冬季太阳南移，日照时数相应减少。春季阴雨连绵，日照时数不及7月的五分之二。镇年平均气温为17.8℃。其中文洋、茗洋、军营、西山等高山村落气温较低，平均最热月在7月，其时月平均气温为27.7℃；最冷月在1月，月平均气温为7.8℃。年平均地温在20℃至22℃之间，比年平均气温高2℃至3℃。年平均最高地温达33.3℃，年平均最低地温为14.8℃。地温和气温的变化规律基本相似：7月最高，1月最低，1月至7月渐升，7月至次年1月渐降，地温变化幅度较气温大。

贯岭位于闽东内陆东北地带，群山环绕，有利于自海洋吹来的、携带了大量水汽的暖湿气流抬升，进而形成地形雨，增加降水概率和降水量。贯岭年降水量为1914.5毫米，多位于沿海地带。贯岭的主要雨季为5—9月，其中5、6月的梅雨季和8、9月的台风暴雨季是降雨高峰期，雨季多受台风灾害影响。11、12月降水较少。受南部、西部、北部山脉影响，贯岭6—8月多为东南风，9月至次年3月多为北风，风向季节性明显。雨季2—6月气温上升，风速较大，蒸发量增大；7月至次年2月，蒸发量平稳下降。

贯岭镇内主要河流有溪底溪、贯岭溪、骆驼溪等。贯岭溪源出分水岭，流经集镇中心，南下入乌溪，与同样发源于分水岭的柘下溪汇流于桐山溪，在福鼎市区穿境而过，注入沙埕港。又因村镇在岭之半，贯岭古称"半岭"。

贯岭镇内地形以山地丘陵为主，地势北高南低，有主要大小山峰40座。较大的有国公尖、白玉尖、大冈尖、三龙冈、仙岩冈等，海拔均在500米以上，其中最高峰为白玉尖，海拔582.9米。

分水岭在分水关北，呈南北走向，溪水南注，地势自北向南倾斜。南峰山在透埕村南，上有宋代古山寨遗迹。茗洋至溪底、透埕山脉连片，使贯岭成盆地状。白玉尖在军营村东，为贯岭最高峰。军营西有国公山，与分水关隔岭相邻。碧翠岩在文洋村，海拔450—500米。清嘉庆《福鼎县志》载，碧翠岩"高数百丈，奇峭插天，俗名甑岩，东有寿星岩"。谢豹山在松洋村，村依山傍居，其后为虾蟆山、西山。西山内有骆驼自然村，傍骆驼山。清嘉庆《福鼎县志》载："骆驼山，北界平阳五岱，《府志》：'相传有石龟如田害稼，乡人夜斧其臂，害遂绝。'"

贯岭溪、溪底溪总流量较大，水位受季节影响明显。因人工拦水干预，水位较低。集镇溪流段内散养观赏鲤鱼。溪流含沙量少，水质清澈、污染较少，水质硬度较高，为淡水。

贯岭镇内山地遍布，多为红壤，主要分布于海拔600米以下的坡地，土壤较贫瘠。分布在凝灰岩地区的红泥土，质地黏重；分布在花岗岩地区的红泥土，质地较轻。有灰红泥土、红泥土、红泥骨、灰红泥砂土、红泥砂土、红砂土6个土种。另有粗骨性红壤，有中性岩粗骨红壤、酸性岩粗骨红壤2个土属，主要分布于低山丘陵陡坡，其土壤发育年轻，因水土流失严重，土层浅薄，土色为浅红。山地丘陵区地形起伏，土壤类型较复杂，其分布规律常受地形和利用方式不同制约。山地和丘陵中部，因植被破坏，土壤受侵蚀较严重，分布着侵蚀性红壤、粗骨性红壤及酸性岩红壤。丘陵下部多为早作区，分布着红泥土和红泥砂土。贯岭部分丘陵分布有紫色凝灰岩，其间分布有酸性紫色土、猪肝土和紫泥田，主要覆盖植被为常绿阔叶林，人工种植有大片竹林和以茶树为典型的灌木丛。贯岭位于福鼎市东部植被区，是全市植被破坏最严重的地区，植被类型少，树种较单一，主要植被有红豆杉、马尾松、油茶、茶、桉树、木麻黄等。其马尾松林营造较具规模，但打枝严重，植被阳性化严重。

基于以上自然地理环境条件，贯岭镇大力发展茶树、黄栀子、槟榔芋种植，形成有机茶、黄栀子、槟榔芋三大特色产业。

贯岭交通述略

朱小陆

贯岭雄踞于闽浙边界，其特殊的地理区位决定了发展交通的重要性。自唐宋始，由闽入浙驿道便经贯岭北上。

至明、清时期，县际、乡村间道路普及，遍及僻远山区，辗转与驿道相通，构成了纵横交错的路网。彼时闽东北受高山溪河之阻，尚未形成车马大道，往来商旅多靠步行，官绅富贾则以轿马代步。行路之难，恰似蓝鼎元在《福建全省总图说》中所描绘的："盘行陡峻，日行高岭云雾中，登天入渊，上下循环，

贯岭高速（毛真怡摄）

古称蜀道无以过也。"这一状况，直至 20 世纪 50 年代公路开通才得到根本改变。

公路

国道

福州至福鼎分水关公路（简称福分公路），属 104 国道路段。据 1991 年编纂的《福鼎县交通志》记载，该公路在福鼎境内经管阳、桐山、贯岭至分水关，全长 47.27 千米（包括复线 1.5 千米），有永久性桥梁 9 座，总长计 529.6 米。

福分公路早在 1918 年福建省政府第一次拟定修筑全省公路干线时就已确定。其走向起自福州，经连江、罗源、宁德、霞浦、福鼎入浙江省平阳县。该线也是当时南京国民政府拟定的杭州至福州的国道。1927 年，福建省政府通过了修建此条干线的提案。1928 年，再次研究通过了修建福分公路干线规划。1929 年，南京国民政府重新审定全国国道，没有更动福分公路的走向。1937 年，福分公路被定为"京闽线"

贯岭公路（耿丽 摄）

路段，破土动工，改走沿海霞浦县并经福安走山区线路。至抗日战争爆发前夕，福鼎路段只在分水关与平阳交界处开挖了不到200米的路基。1947年，福建省政府复议修筑福分公路，但因南京国民政府已处颓败之势，修路计划付之东流。

中华人民共和国成立后，于1955年2月开始测设福分公路福鼎路段。经测设，福鼎路段全长46.3千米，需完成土方63万立方米，石方33万立方米；需建设桥梁9座，总长323米；需开挖涵洞180道，总长1800米；需修筑渗水路堤18处，路基宽度6.5米，路面宽4.5米，总投资185万元。

为了按时高质量完成筑路任务，1955年4月13日成立了福鼎支援前线委员会，县长谢秉培任主任，下设六科一室，即民办动员科、物资供应科、交通运输科、卫生科、政治科、保卫科和办公室。各区设支援前线小组，由区长或副区长负责。至7月下旬，筑路准备工作基本就绪，全县组织了4177名民工，占全县18岁至45岁男性人数的6.75%，同时配备了县、区级干部47人，乡主要半脱产干部150人。

1955年8月上旬，福分公路福鼎域内路段全线动工，负责施工的工程二局一处及第三、第四工务股全体工程技术人员与支前的干部、民工一道，经过130个昼夜的奋战，提前15天完成筑路任务。1956年元旦，福分公路福鼎路段正式通车。通车之日，城关肖家坝公路桥附近人山人海，许多农民从四五十里外赶来观看，有3万多人参加通车庆典活动。福分公路的建成，使闽东成为南来北往车辆如流的交通要道。1962年，福鼎养路工区对原建的木质公路桥梁进行改造，至1964年6月完成桥梁改建工程。福鼎路段全线实现桥梁永久化，是全专区最早实现公路桥梁永久化的先进县。1971—1980年，福鼎工区依靠小修能力，劈坡改弯，改善线型，将原6—7米的路基拓宽到8.5米以上。

1981年着手改铺柏油路面，1986年11月9日，福鼎段油路在福分线309k+300处胜利合龙。福鼎路段柏油路的铺成，使福州至分水关的国道全线实现路面"黑"化。

1992年10月27日，省政府经过多方听证和审议，作出了《关于实施"先行工程"加快公路干线建设的决定》，提出了"以建设高等级公路、高级和次高级路面为重点，到20世纪末国道104线福州至福鼎分水关330千米大部分路段改建为汽车专用路"的建设目标。同时，对建立"先行工程"新的建设与管理体制、多渠道筹集"先行工程"建设资金和有关政策作出了明确的规定。至 1993 年 6 月中下旬,福建省委副书记林开钦到闽东调研,提出建设"五个小区"的交通,作出"五龙齐舞"的决策,将福鼎城关至分水关 16 千米 104 国道的拓宽改造列为其中的一条龙。6 月 29 日,福建省计委、省交通厅下达第二批福建省公路"先行工程"基本建设计划通知,把改建福鼎流美至分水关 16 千米为二级公路列入 1993—1994 年基本建设计划。按上级要求,104 国道的改造要达到二级公路的标准。然而,由于我县路段处于闽浙交界,重峦叠嶂,沟壑纵横,地形起伏变化大,其纵坡和平曲线半径若完全按山岭重丘区一般二级公路标准进行改造,难度太大,不仅工程造价高,施工中的大填大挖,还可能会带来严重的堵车现象。同时,考虑到 10 年后贯穿福鼎的沿海一级汽车专用线可能建成通车,80% 的交通量将随之转移到沿海汽车专用线,为了节约投资,降低工程造价,少占耕地,减少堵车,提出了充分利用老路进行改造,使路基、路面宽度全部达到山岭重丘区一般二级公路标准;将混凝土路面厚度设为 22 厘米,对平曲线半径结合路基拓宽进行改善;纵坡基本上按原有老路,避免大填大挖等方案。并委托宁德地区公路局设计室进行测设。这种改造方案,叫作"不二非三",所修建的道路既不是完全符合标准的二级路,也不是三级路。

1993 年 8 月 26 日,104 国道福鼎城关至分水关路段的改造方案经福建省交通厅审定后付诸实施。为了探索 104 国道改造的新路子,打开福建北大门通道,树立 104 国道福建省首段的良好形象,省、地区领导亲临现场视察,要求打破常规,大干快上,做到边测设、边放样、边征地拆迁、边组织施工,千方百计上,全力以赴干。9 月 16 日,县委、县人民政府在贯岭镇召开了 6 套班子领导和有关部门负责人会议,听取了县改建工程指挥部的专题汇报,择定于 9 月 26 日正式开工。开工当天不搞开工典礼仪式,只由常务指挥刘伦岩带领指挥部工作人员下工地,与施工队一起放响破土第一炮,铲起填方第一车土,从而拉开改造工程施工的序幕。

104 国道福鼎城关至分水关路段改造工程立项长度为 16 千米。扣除原来已改造的路段,实际上要改造的路段总长度为 13.45 千米,共分 3 期施工。第一期为分水关至贯岭 5.5 千米,于 1993 年 9 月 26 日开工,10 月中旬全面动工,分别由宁德地区路桥工程公司福鼎分公司、福建省林业工程公司第二分公司、福鼎县交通工程公司和贯岭镇建筑工程公司 4 个施工单位承建,至 1994 年 8 月底竣工;第二期由民工建勤投工投劳,安排贯岭、山前、岩前 3 处地段长 3.66 千米,由贯岭、桐城两镇的 3 个建筑工程公司承建,于 1994 年 1 月上旬开工,至同年 9 月 29 日完成最后一块水泥板铺设;第三期为余下的 4.27 千米,即邦福至普后路段,由宁德地区公路局路桥总公司承建施工,于 1994 年 4 月 16 日开工,至 8 月 30 日竣工。全线共完成土石方 176792 立方米,防护工程 18550 立方米，涵洞 72 道共 435.76 米，小桥 2 道 31.18 米，铺设水泥混凝土路面 122839 平方米。整个工期为 10 个月，较省下达工期提前 6 个月完成。路基宽度为 12 米（其中与浙江交界处的 400 米宽 13.5 米），路面宽度为 9 米（其中与浙江交界处的 400 米路面宽 10.5 米），路肩 3 米，均为水泥混凝土路面，路面厚度为 0.22 米，平曲线最小半径为 60 米，最大纵坡为 8.95%。由于技术等级提高，行车安全顺畅，交通事故发生率明显下降。

乡道

除联通闽浙两地、贯通全镇的"大动脉"104 国道外，贯岭域内各个村落间还遍布着"毛细血管"般的乡村道路。这些道路一起织成了贯岭镇交通运输的路网。

贯岭至透埕公路　从国道 104 线贯岭镇政府岔路至贯岭镇的透埕村，长 5 千米，有桥梁 3 座，工程总造价 3.5 万元，修路资金来自县交通局补助 1 万元和群众集资 2 万元。工程于 1977 年 3 月动工，同年 12 月竣工，路基宽 4.5—6.5 米，属等内路。

邦福至松洋公路　从国道 104 线贯岭镇邦福村岔路分线至贯岭镇松洋村，长 14 千米，有桥梁 2 座，途经骆驼村、洞头村。该线为当地自建，于 1978 年 1 月动工，1983 年 6 月竣工，路基宽 4.5—6.5 米，属等内路。

分水关至茗洋公路　从国道 104 线分水关坡顶分线至茗洋村，长 5 千米。该线为当地自建，于 1978 年 3 月动工，同年 12 月竣工，路基宽 4.5—6.5 米，属等内路。

贯岭至军营村公路　长 8 千米，路基宽 4.5 米，于 1984 年修造，同年竣工，属等外路。

松洋至文洋公路　长 7 千米，路基宽 4.5 米，于 1977 年 3 月修造，同年 12 月竣工，投资 3.65 万元，属等外路。

桥梁

桥

贯岭溪上建有贯岭桥，据《福鼎交通志》记载，包括大小两座相距 50 米的石拱桥。该桥于 1978 年 9 月动工，1979 年 3 月竣工，总投资 1.4 万元，总投工 0.4 万工日。大桥为双拱桥，长 30 米，宽 6 米；小桥为单拱桥，长 18 米，宽 4.5 米。

镇内乡村公路桥梁有：

战坪洋桥，位于战坪洋村，清代洪姓族人建，为长 11 米、宽 3.6 米、高 6.35 米的单孔石拱桥。

溪底石拱桥，位于溪底村赖厝自然村，为长 6 米、宽 1.5 米、高 2.5 米的单孔石拱桥。

何坑桥，位于何坑村，1977 年建，又名大船谭，为长 81 米、宽 1.8 米、高 26 米的 26 孔石平板桥。

上澳桥，位于上澳村，1978 年建，为长 85 米、宽 1.5 米、高 1.4 米的 22 孔石平板桥。

上澳里桥，位于上澳里村，20 世纪 70 年代由当地群众修建，为长 10 米、宽 2 米、高 2 米的 3 孔石平板桥。

百井丘桥，位于透埕村百井丘自然村，1978 年由当地群众修建，为长 90 米、宽 1.8 米、高 2 米的 28 孔石平板桥。

溪底鱼鳞桥，位于透埕村，1965 年建，为政府补助、群众集资修建的长 23 米、宽 1.5 米、高 7 米的 7 孔石平板桥。

下溪底桥，位于溪底村，1970 年建，为长 32 米、宽 1.5 米、高 2 米的 11 孔石平板桥。

上溪底桥，位于溪底村，1986 年建，总造价 0.7 万元，由有关部门补助部分，为长 34 米、宽 1.5 米、高 2.3 米的 9 孔石平板桥。

溪底大道桥，位于溪底村，为长 18 米、宽 4.5 米、高 4 米的单孔石拱桥。

太阳岗桥，位于溪底村太阳岗，1979 年由水电部门拨款修建，为长 8 米、宽 3.5 米、高 3.5 米的单孔石拱桥。

另，贯岭透埕公路、邦福松洋公路沿线各有桥梁。

碇步

据《福鼎交通志》载，贯岭镇尚存碇步 5 个：

坝头碇步，在西山村坝头溪，共 17 齿，长 11 米。

西山碇步，在西山村西山溪，共 31 齿，长 22 米。

透埕电站碇步，在透埕电站前，始建于 1981 年，共 21 齿，长 14 米。

溪底碇步，在溪底村里溪上，始建于 1973 年，共 51 齿，长 32 米。

上溪底碇步，在溪底村上溪底上，现存 39 齿，长 25 米。

贯岭各村概述

贯岭镇位于福鼎北部，距县城 12 千米。1992 年 12 月，贯岭由乡改镇，下辖 12 个村委会。村民间以讲桐山话为主，也讲闽南话。

贯岭村

贯岭集镇设于贯岭村，位于福鼎市东北部。贯岭村现辖 21 个自然村，共 2668 人，是宁德市重点革命老区基点村之一。

1987 年第二次文物普查时，在贯岭村祖宗坟山（又名"卧牛山"）发现长条形小石锛一件（现收藏于福鼎市博物馆）。根据采集器物判断，该地是一处新石器时代晚期至青铜时代的聚落遗址，4000 年前就存在一定规模的原始农业，聚落比较稳定，且有一定人口数量。据载，东晋元兴二年（403）卢循起兵失败后，退至贯岭村一带踞守，刘裕率部穷追，在今战坪洋自然村展开了历史上著名的"晋安之战"，战坪洋自然村亦由此得名。907 年，为抵御吴越入侵，闽王下旨于长溪县构筑分水关、禅光寨、贯岭寨。明正统九年（1444），叶宗留义军在贯岭一带活动，举起义旗。土地革命、浙南三年游击战争和解放战争时期，贯岭村这片红土地上的热血男儿更是不畏牺牲、前仆后继，诠释了"红旗不倒"的苦难辉煌。

贯岭村地形以低丘陵为主，海拔在 60—150 米之间。山势柔缓，域内最高峰国公尖海拔为 503 米，属典型的亚热带海洋季风气候。雨量充沛，水、光、热资源充足。全年日照时数达 1800 小时，平均气温 17.8℃，无霜期 300—330 天。经济产业以种植业为主。全村拥有耕地 919 亩，其中水田面积 827 亩，农地面积 92 亩。山地资源丰富，适宜发展黄栀子、锥栗、东魁杨梅等经济作物。村内种植槟榔芋 500 多亩，茶叶 1200 多亩，另有果园 360 多亩，森林覆盖率达 95%。贯岭村交通便利，104 国道贯穿全境，相距 3 千米的两个沈海高速福鼎北互通口恰好位于贯岭村南北两侧，距福鼎动车站 12 千米。

中华人民共和国成立后，特别是改革开放以来，贯岭镇抓住交通区位的有利条件和浙南产业梯度转移的有利时机，充分利用地缘、环境、交通、资源等各种优势，坚持实施"工业兴村、以工哺农"的发展战略，努力优化投资，不断加大招商引资力度，村两委和老党员、离退休老干部、乡贤积极配合镇党委、政府做好贯岭工业项目区的各项基础性工作。经过 10 多年的不懈努力，贯岭工业园区现已建成投产企业 51 家，2021 年创造工业产值 11.5 亿元。工业园区的落成以及农业龙头企业的入驻，解决了农村部分富余劳动力的转化和就业问题，提高了农产品的附加值，进一步促进了当地农民群众增产增收，同时也壮大了村集体经济。2021 年，贯岭村内 21 个自然村通路、通电率达 100%，有线电视普及率达 98%，自来水普及率达 95%。

集镇拥有福鼎市第十五中学、贯岭中心小学和贯岭中心幼儿园 3 所学校，有卫生院和文化活动中心，社会事业日趋完善。母亲河两侧生活污水和工业园区污水均被收集到市政污水处理厂集中处理。护溪拦水坝的修建、梯级河道的整治和休闲娱乐廊桥"文渊桥"的落成使集镇面貌焕然一新。

分水关村

分水关村因地处闽浙两省三县市（福鼎、苍南、泰顺）交界的分水关隘而得名，位于贯岭镇北部。北望苍南，西接泰顺，距福鼎市中心 14 千米，地处交通要道。建于五代十国的古城墙"分水关"（省级文物保护单位）就坐落于此，素有"闽东北门户"之称。纵横交错的路网将村落网格化成大小不一的若干个单元，104 国道和福宁高速公路由南向北穿村而过，浙江 58 省道借道往西前往泰顺，高速互通口在此连接两省三县，东有通往浙江苍南五凤、矾山的公路。

该村沿闽浙边界一字铺开，连接两岸，山水资源丰富，生态环境优美，民风淳朴，宜农、宜游、宜居。全村为丘陵地貌，周边有大山环绕，东有朴鼎尖，北有蜈蚣山，

分水关村今貌（贯岭镇政府 供图）

南有国公尖，西有月排山，全村土地总面积 6.3 平方千米，其中耕地面积 993 亩。全村辖 20 个村民小组，共 3045 人，其中党员 67 人，是福鼎市老区基点村和社会主义新农村建设示范村。2014 年入选福建省级美丽乡村，2015 年入选福建省美丽乡村建设重点村。2021 年农民人均收入达 23000 多元。

近年来，分水关村充分发挥自身优势，在转变中谋发展，新村建设取得一定成效。在 104 国道、浙江泰顺 58 省道线旁，有黄栀子花园、古城堡、生态林等自然景观。不远处有国公尖和月排山连绵，云雾缭绕，青山绿水，景色优美。下安村口，一棵百年红豆杉随性又唯美地长于天地间，长出了一种舒展四方的洒脱，见证着村庄的变迁。

该村紧紧围绕"一个核心"，即积极发展现代农业促进农民增收，以"公司 + 科研 + 专业合作社 + 农户"的模式对特色农业加以引导扶持。村内培养出了黄栀子的优秀品种"分关 1 号"，全村黄栀子种植面积高达 5000 多亩，栀农单项人年均收入可达 5000 多元。

该村抢抓"两大机遇"，即抓住地处边界、高速互通口的优势和被列为福建省级美丽乡村建设的机遇，引进边界商贸，把岔豆、外洋等自然村打造成开放式服务区。村内有各种行业的商铺 100 多家，并成功引进闽浙家具产业园项目，园区占地面积约 210 亩，项目投资额约 3.5 亿元，目前已有 12 家企业签订投资协议书。

该村推进"组织建设、社会事业、村庄整治"三大基础性工作。村两委制定并实行村委会工作制度、村务公开制度、财务管理制度、党员学习制度等一整套管理制度。村政府认真开展护村巡逻和矛盾纠纷排查调处等工作，保障全村安定和谐。村内持续进行普法教育，村民知法、守法意识明显提高。同时，该村紧紧围绕"生产发展、生活富裕、村容整洁、乡风文明、管理民主"的新农村建设方针，结合省市相继出台的"点线面"攻坚计划、村庄环境综合整治、旧村复垦等政策，扎实推进新农村建设工作。

该村重视基础教育，努力改善办学条件，由福建省安全厅投资兴建的分关国安小学现已成为边界一处美丽的人文景观。

邦福村

邦福村，别名"清水窟""石崩窟"，位于福鼎市郊北部，与山前街道水北村相邻，104 国道穿境而过。村距贯岭集镇所在地 2 千米，东距西山村 3 千米，西与透埕村毗邻。全村共有土地面积 3.1 平方千米，其中耕地面积 582 亩，辖 6 个村民小组，共 1309 人，其中党员 31 人，畲族人口 146 人。邦福村是福鼎市党风廉政建设先进单位、福鼎市综合治理和村民自治先进村、福鼎市文明村和贯岭镇先进基层党组织。

邦福村古时为闽浙商贾往来必经之地，清末民初发祥于张家大院的茶烟商"张元

邦福村新貌（贯岭镇政府 供图）

记"在北京、上海、温州等大中城市享有盛名。近年来，邦福村充分发挥交通优势，加大新农村和美丽乡村创建、高速沿线整治力度，村容村貌得到较大改观，配套服务功能日渐完善，树立了良好形象。同时，村两委一班人积极配合镇党委、政府加快重点项目安征迁工作，分别为"905"项目征地 300 多亩，为沈海高速复线项目征地 500 多亩，在重点项目建设中作出积极贡献。

村所在地拥有党群服务中心、卫生所、幸福院、养老院、便民服务站等一系列公益设施，老百姓生产生活条件不断改善。落户企业有麦德龙食品有限公司、以诚食品有限公司等 10 家企业。这些企业带动村民就业，不仅壮大了农村经济总量，还使部分村民转变为产业工人，让老百姓获得了实实在在的利益。

新一届邦福村两委班子以创建高标准文明村为目标，大力实施农村"五要工程"，以提高村民质量和文明素质为宗旨，从群众关注的难点和热点问题入手，努力营造和谐、稳定、文明、宜居的社会主义新农村。

茗洋村

茗洋村地处福鼎西北部山区，海拔 450—500 米，东与贯岭分水关村毗邻，北与浙江省泰顺县交界，南与贯岭村接壤，西连溪底村，距福鼎城区约 12 千米，是闽东重点革命老区根据地之一。茗洋村面积为 7 平方千米，现辖 24 个自然村，共 734 户、3131 人，其中少数民族 48 户、192 人，党员 74 人，在闽浙边区享有"红茗洋"盛誉。

曾先后被评为宁德市林业工作先进单位、福鼎市老区工作先进单位、福鼎市扶贫开发工作先进单位、福鼎市综合治理和村民自治先进村、福鼎市 2010—2012 年度文明村。2015 年，农民人均收入达 11606 元。

据清嘉庆《福鼎县志》载："地多产茶，茗洋山绵亘数里，故名。" 1935 年，闽东特委书记叶飞派员到茗洋进行革命活动，在这里成立中共鼎泰区委，划属闽浙边临时省委领导，设置了福鼎县委机关。刘英、粟裕、郑丹甫等革命前辈都曾在茗洋山区开展革命活动，茗洋成为闽浙边界革命的"摇篮"。在革命战争年代，茗洋人民和边区党组织血肉相连。甘苦与共，以大无畏的革命精神，巧妙地同敌人斗争，其中被评为烈士的就有 16 人。"敌人恨透了这里的人民，他们说茗洋人连骨头都是红的。"（王烈评《披沙拣金》）"茗洋"最早以翠绿茶树连片，绵延满山而得名，近代因红色革命历史闻名遐迩。

茗洋村作为闽东著名革命老区根据地之一，当地民众继承勤劳纯朴的民风，遗传自强不息、艰苦创业的红色基因。在党的领导下，村容村貌发生了巨大变化，基本实现"五通"，人民群众的生产生活水平得到较大提高，农业经济发展格局壮大。村先后被福鼎市评为林业工作先进单位、老人工作先进单位、社会主义新农村建设"十村示范、百村整治"整治村及整村推进开发扶贫重点村，2006 年被列为福鼎市首批爱国主义德育教育示范基地。

近年来，茗洋村党支部围绕镇党委、政府的中心工作，团结班子、统一思想、齐

茗洋村新貌（贯岭镇政府 供图）

心协力，从深化农村改革、发展农村经济、增加农村收入、维护农村稳定大局出发，坚持思想建设、组织建设和作风建设一起抓，建立健全农村基层党组织建设常抓不懈的工作机制，全面提高农村基层干部和党员队伍的整体素质，为全面建设新农村社会提供了强有力的组织保证。现建有"红茗洋"纪念馆一座，是福建省国防教育基地和福建省党史教育基地。自开馆以来，已接待闽浙边界各级各单位参访人员500多批次，计6000多人次。茗洋村坚持每年开展助学活动，累计资助73名贫困大学生完成学业，其中"李氏慈善基金会"筹集资金近100万元，专项资助茗洋籍贫困学子。农业发展实现"四个一千"，即：1000亩槟榔芋、1000亩有机茶、1000亩黄栀子、1000亩其他经济林。近三年，多方争取项目资金220万元，投入建设村级水泥公路、纪念馆、自来水、环境整治等大小基础设施和民生项目30多个。今后，茗洋村将围绕"上延分关边界、下承工业园区、做大做强中心村"的新一轮发展目标，坚持规划先行，充分发挥"老区、人才、区位"三大优势，抢抓机遇，乘势而上，推动各项社会事业持续发展。

茗洋村内文物古迹有清光绪年间建成的东宫大戏台，飞檐雕梁，巧夺天工。村内有千年香樟古树，有村落因居于百年古树旁被称为"百树内"。战争年代，其树洞还成为红军躲避敌人搜索的绝佳庇护所，是根正苗红的"红军树"。从百树内中蜿蜒出一条小路，通向村旁的"红军岭"。红军岭上有个由战壕改建的观景台，可以俯瞰整个茗洋村。同时，茗洋还是栀子花基地，种有黄栀子5000多亩，一般在5月下旬到6月初左右开花时节举办盛大的栀子花节。另有2000亩左右的茶叶基地和广阔的槟榔芋种植地。2018年，全村仅黄栀子一项收入达1000多万元，槟榔芋、茶叶分别为村民带来350多万元和450多万元收入，2018年村民人均收入达16500元。芬芳馥郁的栀子树在装点茗洋村的同时，也为村民带来了巨大的财富，老区群众因此在脱贫致富奔小康的道路上又迈出坚定一步。

透埕村

透埕村位于福鼎市北部，依福鼎市母亲河水北溪畔，东距贯岭镇所在地5千米，西与排头村接壤，南依南峰山接桐山街道岭头村，北与溪底村相邻，距福鼎市中心6千米。村经省道、普通公路连接，交通便利。全村土地总面积5.6平方千米，其中水田面积1200多亩，农地面积400多亩，茶园面积300多亩。透埕村辖10个自然村，全村共622户、2039人，其中党员51人。2021年，农民人均纯收入达19100元。

透埕村曾称"秀岭"。水北溪透埕流域长5千米，溪流平缓，清澈碧澄，西岸树木葳蕤，秋日红枫满滩，景色宜人。南岸南峰山留有宋代古山寨遗迹。北岸有千

透埕村俯瞰（贯岭镇政府 供图）

年古刹西峰寺，始建于后梁大通年间。村庄中间势如凤凰下山，左右两旁虎踞龙盘，秀美无比，被誉为福鼎市区"后花园"。村落依托其秀美风景，吸引大量的游客周末前来游玩。

王姓氏族为透埕望族，"透埕王"名声在外。百井坵自然村目前有60多户村民，常住人口达156人，为郭姓回族聚居村，两三百年前北方回族同胞因避战乱迁居至此，存有山歌、服饰等少数民族特色元素。透埕村地处水北溪、溪底溪交汇处，长年冲刷淤积形成沙质土壤，十分适宜槟榔芋生长，该村出产的槟榔芋个大体圆，酥松香甜，风味独特，营养丰富，深受消费者青睐。全村槟榔芋种植面积达600多亩，年产量达1000多吨，是省定名优农产品福鼎槟榔芋的主产地。

透埕村在乡村振兴上按照"村党支部一切工作的出发点和落脚点都是为人民群众谋更多实惠"的工作定位，不断加大基础设施投入，促进经济和社会事业发展，先后完成了美丽乡村建设（污水整治、环境美化整治、垃圾卫生整治、沿线裸房以及中心村裸房整治），槟榔芋田新溪护栏建设，太阳能路灯建设，透埕村岭门仔农田灌溉渠道修复及护栏建设，小袋至牛角垅村村通公路建设，透埕里中心村水泥硬化，中心村停车场建设，透埕村蕉潭洋自然村公厕建设，全村改水工程建设，制作了农村卫生、新冠病毒疫情防控等宣传栏，实施了百井坵幸福院工程等民生工程项目。2021年，村里通过"党建＋扶贫"的模式，以芋乡槟榔芋合作社为龙头、村支部为载体、"合作社＋支部＋农户"为合作模式签订生产销售合同，提高村集体和村民收入。

何坑村

何坑村地处水北溪上游，位于福鼎西北部，北与叠石乡库口村接壤，西与桐城岭头村相邻，东与排头村毗连，南与透埕村接壤，距福鼎市区 12 千米，距浙江省泰顺县 30 千米，是闽东老区基点村。全村土地总面积 5.2 平方千米，其中耕地面积 1644 亩、水田面积 870 亩。全村辖有 17 个自然村（17 个村民小组），共 465 户、2095 人，其中党员 42 人。

何坑村犬盘温自然村龙埠岭 13—18 号是中共福鼎县第一次代表大会的会址。建于清代，为梁架庭院式土木结构，属穿斗式悬山顶，坐东南面西北，面阔 7 间 26 米，进深 5 柱带前檐 11 米，面积为 286 平方米。2005 年，何坑村被福鼎团市委命名为"青少年德育教育基地"。何坑村是粟裕、刘英、王烈评等革命前辈曾进行革命斗争的根据地之一。何坑村著名革命烈士杨秉和曾任中共福鼎县委副主任。

何坑村主要出产板栗、槟榔芋、茶叶、黄栀子、雷竹、马蹄笋。现种植板栗 1000 亩，主要销往浙江；种植槟榔芋 600 亩，年产值达 400 万元，销往全国各地。

福鼎槟榔芋现已成为何坑村广大农民脱贫致富奔小康的重点产业。2007 年，何坑村建立"福鼎槟榔芋高优示范基地"，面积达 200 亩。2011 年，福鼎市农业局在何坑村成立"福鼎槟榔芋农民田间学校"，作为全市槟榔芋栽培技术培训基地，近几年来举办培训班达 30 余次，受训人数达 1000 多人。2011 年、2012 年、2013 年何坑村连续 3 年在福鼎市"福鼎槟榔芋芋王大赛"中获得"最佳品质奖"，2014 年则获得"芋王"称号。2010 年成立"鼎农槟榔芋"专业合作社，有社员 78 人，长期以来与各类企业、经销点和餐饮连锁店等进行全方位的合作，已构建营销渠道畅通的运行模式。

2019 年，何坑村被列为福建省级美丽乡村示范村。

何坑村（贯岭镇政府 供图）

松洋村

松洋村位于福鼎市北部山区，东与前岐双岳村相邻，南与山前街道南阳村接壤，西与西山村交界，北与文洋村毗邻，距福鼎市区 5 千米，距贯岭集镇 6 千米。全村土地总面积为 10.2 平方千米，辖 25 个自然村，全村人口共 707 户、2450 人，其中党员 47 人。

松洋村地理特征为洋大溪小，多山塘，土地肥沃，物产丰富，一条小溪蜿蜒环绕村庄。村内有一座寺院——青莲寺，总面积 30 多亩，始建于后梁贞明六年（920）。寺院几经兴衰，2002 年重修时，新建放生池、天王殿、观音楼阁、舍利塔、铜铸露天大佛、五百罗汉长廊等，使千年古刹重放异彩。洋墩溪双板桥始建于明万历二十八年（1600），已历 400 多年，桥板刻字清晰可辨。飞雕岗上杨府圣王宫，始建于明万历二十六年（1598），重建于清光绪十一年（1885），规模宏大，精美壮观，建筑面积达 300 平方米。宫宇内有一进戏台，为全木结构，中间为天井，两侧建有观戏酒楼，二进为供像祭祀厅，整座宫宇宽敞明亮，花鸟、人物雕刻优雅别致，梁椽檩间雕饰屈曲自如，显示出民间工匠手艺的精湛高超。每逢农历五月十八日庙会，祭拜场面盛大壮观。

村民主要以种植茶树、栀子、蔬菜、槟榔芋、水果为主，所产茶叶品质上乘。松洋村是个缺水的地方，为了解决缺水问题，村民以顽强的毅力，先后修建 32 个山塘

松洋村俯瞰（贯岭镇政府 供图）

水库，基本解决灌溉饮水问题。松洋村与城关近在咫尺，但群众生产、生活长期靠肩挑步行，往返辛苦，交通不便。在老支部书记郭道鳞的倡导下，村里于1994年动工兴建公路，历时6年于1999年6月28日竣工通车。公路在修建过程中，得到上级党委、政府和相关单位的支持，并得到王德银、赖思谋、赖思房、周兆波、曾呈彬、曾程明、赖思嘉等乡贤鼎力相助，经历届村两委领导和群众投工投劳，2003年松铁线实现道路硬化。2014年，青莲寺住持释悟善法师出资1200万元，在上级党委、政府和交通部门大力支持下，对松铁线道路继续进行拓宽硬化，历时7年于2020年正式通车。2021年，乡贤曾碧明出资80多万元建设松铁线路灯，并在镇党委、政府支持下解决了路灯电费问题。近年来，村认真落实"一事一议"工程，切实做到为民办实事，共投入500多万元硬化松洋至西山道路，其中，2009年进行厝基路口至青莲寺道路拓宽硬化，2016年进行底安道路硬化，2017年进行尾段至西洋道路硬化和尾段至后碗道路硬化。

该村有水田面积1800亩，其中高标准农田面积1000多亩；茶园面积3000多亩，其中有机茶面积1000亩，荒野茶面积100亩；种植栀子1100亩。有规模较大的京福源、天健等知名茶叶加工企业。松杨村采用"企业+合作社+农户"模式发展有机白茶产业，推动乡村资源变资产、变股金，以"小茶企"带动群众"大收益"。松洋村利用靠近福鼎市区优势，结合美丽乡村建设，发展农旅结合新业态，打造特色农业示范点。松洋村还引进农旅观光企业，已建成3个采摘园和1个现代茶旅基地。同时，在茶园基地建设茶间小道、休息凉亭、摄影点，在果园建设步道、采摘管理房等。全村周末城郊游、农业采摘游正逐步兴盛，给群众带来实实在在的收益，唱响了"产业+文化+旅游"为一体的山歌。

2021年，松洋村实现村集体经济收入近50万元，农民人均可支配收入2.2万元。

西山村

西山村地处福鼎市北部，东与松洋村相接，南与山前街道毗邻，西与邦福村为邻，北与军营村接壤，距福鼎市中心9千米，距贯岭集镇5千米。全村土地总面积8.2平方千米，其中耕地面积2008亩，可耕山地1000多亩。现辖19个自然村，全村共577户、1985人，其中党员45人。

西山村已建成连接104国道的长3.039千米、宽6.5米的水泥公路。2003年，宁德市交通局向西山村捐建希望小学1座，占地面积300平方米。目前已扩建为600平方米，为民办德源小学，共有师生150多人。

骆驼自然村现存清代林氏古民居1座，古宅含四周花园占地10多亩，宅内雕梁

西山村俯瞰（贯岭镇政府 供图）

画栋，门楼彩绘壁画，厅堂有"探花"牌匾等众多文物。大宅西头有一株三人合围粗大罗汉松，苍劲挺拔，据专家考证，距今已逾千年。后溪自然村的普济祥寺建于民国年间，寺院青山环抱，绿水环绕，环境清静幽雅，是修身养性、参禅拜佛的绝佳去处。大坑口自然村有一天然溶洞，深不探底，冬暖夏凉，神秘莫测。邻近有石公鸡、石蜡烛和溪肖潭瀑布等天然景观，极具旅游观光探险开发价值。

2019 年，西山村被确定为产业薄弱村，后通过积极探索村企联建、文化共建等发展途径，成功盘活荒废的 200 亩白茶茶园，通过公开招标，年租金收入 37 万元。同时，村引进合作茶企，对全村 1000 多亩茶园进行有机改造，并引进乡贤建设网红孵化基地"星云山舍"。2021 年村集体经济收入达 50 万元，农民年人均纯收入达 21000 元。西山村创新"村企联建、合作经营"思路，与东南白茶公司等 5 家单位共建，巧借外力解决村经济发展中存在的资金、技术、人才和产品销路等方面问题；运用"乡愁"资源，发挥产业潜力，收储 3000 平方米的古民居，由村集体投入 80 万元完成初步改造。先后争取各级资金，投入 1500 多万元建设邦铁线（西山段）、马洋至万古亭道路、停车场、新时代文明实践站、健身小公园、幸福院等，推动基础设施建设发展。

文洋村

文洋村地处福鼎市东北部，东界浙江省苍南县，南邻前岐镇，北接军营村，西连松洋村，距福鼎市中心 9 千米，距贯岭集镇 10 千米。现有通村水泥公路 11 千米，直

文洋村新貌（贯岭镇政府 供图）

达福鼎市区，交通便利。全村土地总面积 9.82 平方千米，其中耕地面积 1559 亩。文洋村辖 20 个自然村，共 426 户、1685 人，其中党员 34 人。

文洋原名"船洋"，郑姓肇基始祖郑启文于明朝末年自福鼎白琳董江寻至闽浙交界处，见此处形似扬帆出海之船，故取名船洋而居，至今已繁衍至 21 世，历时 400 多年。第二次国内革命战争时期，鼎平县委下东区委机关所在地曾设于此，是著名革命烈士、鼎平县人民革命委员会原主席李少山的故乡，为重点老区基点村之一。

村中有严兜寺，已历 300 余年，民国时期曾毁于火灾，后重建。寺院坐北朝南，建筑面积约 300 平方米。寺院由大雄宝殿和两侧客堂组成，为砖木结构，寺宇不饰华彩，自然朴素。院埕养花植草，寺院翠竹环抱，环境清静幽雅。

文洋村山地资源丰富，地理气候条件适宜茶果经济林生长。20 世纪 90 年代，大樟自然村建设鼎台农业合作开发基地，面积达 1000 多亩，主要引进种植美国黑李、东魁杨梅、水蜜桃等名优水果，年产量 1000 多吨。现已建设有机茶基地 800 多亩，其中"品品香"基地文洋茶厂生产的"文洋翠芽"多次在全国和省市茶业博览会、茶王赛中获绿茶"茶王"称号。2021 年，文洋村农民人均纯收入达 20300 元。作为福鼎市级扶贫开发重点村，村里与福建麦德龙食品有限公司建立"村企共建、强企扶户"扶贫挂钩。当前，文洋村结合"一事一议""造福工程"，逐步完善村内基础设施建设。

排头村

排头村位于福鼎市贯岭镇西北部山区，西、北与福鼎市叠石乡毗邻，东与透埕村接壤，南与何坑村为邻，917省道穿境而过。村距贯岭镇9千米，距福鼎市区约12千米，交通十分便利。全村土地总面积为6平方千米，其中耕地面积1466亩，水田面积859亩，农地面积19亩，山地面积2038亩。排头村辖13个自然村，共有357户、1481人，其中党员34人。2021年，排头村农民人均纯收入达20045元。

排头村金山头自然村存有1936年6月中共闽浙临时省委扩大会议旧址。这里民风淳朴，历史文化深厚，集建筑文化、乡土文化于一身。清朝年间以"劝赌、禁乞、劝人为善、教化民风"为主要内容的历史文物"禁乞碑"，土生土长的福鼎市木偶戏，民间艺术"嘭嘭鼓"等，映衬着这里的每一寸土地。

排头村主要出产槟榔芋、黄栀子、茶叶等农产品。

排头村俯瞰（贯岭镇政府 供图）

溪底村

溪底村地处闽浙交界，位于福鼎市北部，北与泰顺县毗邻，东与茗洋村接壤，西与叠石乡交接，南与透埕村为邻。溪底村现已建成4千米通村水泥公路，经5千米省道普玉线，直达福鼎市中心。全村土地总面积为3.9平方千米，其中耕地面积784亩。村辖12个自然村，共12个村民小组，全村共286户、1218人，其中党员39人。2013年，被市委、市政府授予福鼎市2010—2012年度精神文明先进集体。2021年，村农民人均纯收入达 18000 元。

溪底村因柘下溪贯穿全村而得名。全村沿柘下溪两岸分设村落，分为内外溪两大片。内溪以赖姓为主，外溪以陈姓为大族。外溪、内溪本为两个大队，后因贯岭改区，两个大队被合并。沿溪两岸崇山峻岭、地势险要，曾是中共闽浙边临时省委和中共鼎泰区委的主要活动区域，是闽东重点老区基点村之一。溪底村民风淳朴，村民勤俭善良。20 世纪 80 年代，该村利用山地草场资源优势，家家户户养奶牛，创办了奶粉加工厂，产品畅销国内市场，走上致富之路。1987 年，溪底村被福建省人民政府评为"文明村"。村中建于 20 世纪 80 年代初期的敏岭水库，容量 20 万立方米，配建的敏岭水电站装机容量达 400 千瓦。

村中最高的山叫大岗，大岗后面的山叫南峰寺山。村里以前有很多枫树，因开垦农田，枫树被砍伐殆尽，如今只剩下寥寥七八棵。山上有山路，现在鲜有人问津，以前人们曾通过这些山路外出卖茶叶，是官道。

溪底村民主要种植水稻、茶叶、槟榔芋，近几年来还大力发展种植黄栀子，进一步拓宽农民致富渠道。

溪底村俯瞰（贯岭镇政府 供图）

军营村

军营村位于贯岭镇北部，东邻浙江省苍南县，北越国公尖山至分水关，南与西

军营村俯瞰（贯岭镇政府 供图）

山村接壤，西连贯岭村。已开通6千米水泥公路，直通贯岭镇政府。全村土地总面积8.5平方千米，其中耕地面积1036亩。辖19个自然村（19个村民小组），共520户、2304人，其中党员46人。

村子因五代十国时期，地处闽国与吴越国交界之分水关前线，后方设立军队营房而得名。这里亦是福鼎市重点老区基点村之一，军营曾氏肇基始祖曾廷业于清康熙年间由浙江平阳迁居至此，已历300余年。前关自然村建有禅关寺，距今已有200多年历史。弯坑岭自然村有清初修建的曾氏老宅，内存嘉靖、康熙、光绪年间的香炉。

兴建于20世纪70年代的土桥水库是贯岭集镇自来水水源，水落群峰之巅，风景优美，有"人工小天湖"之称。军营村山地资源丰富，近几年来，该村群众利用高山地理气候的差异优势，大力发展反季节蔬菜，盛产个大体圆、甘甜可口的大盘菜，走上了宾馆酒家的宴桌。村民历来有种植黄栀子的传统，近几年来，军营村通过种黄栀子、槟榔芋等实施山地农业综合开发，进一步拓宽农民致富渠道。2021年，农民人均纯收入达18588元。

（本文由贯岭镇党政办供稿）

经济社会

悄然崛起的工业重镇

✑ 朱小陆

贯岭工业园区，南起邦福、北至分水关，绵延于约 10 千米的 104 国道两侧。其鳞次栉比的具有现代建筑美感的园区厂房与穿园而过的国道，与自然生态交织成现代工业集群。贯岭，历经 20 年的励精图治，正在以工业重镇的形象悄然崛起于闽浙边关。

园区规划占地总面积 2200 亩（其中工业用地面积 1227 亩），由大坪园核心区（一期）、邦福高速互通口（垅后自然村）片区（二期）、姚澳内自然村食品园区（三期）、邦福闽浙边界工业走廊、分关家具园区等板块构成。一期占地面积 560 亩，以汽摩配为主业，2005 年 12 月开始征地，2006 年 7 月动工，2008 年首家企业华康精密仪器铸造有限公司落户园区，至 2021 年入园企业达 31 家；二期占地面积 525 亩，以棉纺为主业，至 2021 年已有 7 家企业建成投产；三期占地面积 220 亩，以食品为主业，园区进入土石方工程建设；邦福片区占地面积 130 亩，以食品包装为主业，现已有 5 家企业建成投产，是工业园区早期的片区；分关家具产业园占地面积 220 亩，2010 年规划，2016 年筹建，至 2021 年已有 19 家企业建成投产。

截至 2021 年，贯岭工业园区入园企业总数达 53 家（其中规上企业 21 家），从业员工达 1360 人。这一年，园区完成工业产值 11.5 亿元，完成固定资产投资 2.03 亿元，规上企业完成税收 3026 万元。贯岭工业园区是福鼎市工业"一园十区"中唯一的山区乡镇工业园。2010 年以来，先后获得福鼎市"抓工业、促总量、增效益、创品牌"竞赛活动一等奖、壮大工业总量评比活动一等奖、乡镇经济发展综合评比 B 类第一名。

贯岭成功走出了一条以工兴镇的创业之路。

贯岭工业园区建设思路形成于 2003 年。20 年来，随着工业园区的逐步完善，贯岭的社会经济也在悄然发生蜕变。

第一，集镇人口大量聚集。创办工业园区之前，贯岭集镇人口大量外流，仅剩 1000 多人。夜幕降临，街上一片漆黑，理发店和早餐店仅剩一家。学校仅剩几十个学生。随着工业园区企业的落户，人口逐年增多，流入的人口多于流出的人口，市面繁荣，理发店和早餐店增到了十几家。由于企业大量接纳本地务工人员，集镇就业得到改善，许多农民成了产业工人。

第二，基础设施得到改善。全镇水、电等基础设施得到很大程度的完善。居民生活日供水量由园区创办前的 200 吨增加到现在的 1000 吨；居民生活用电实现了 110 千伏的二回路供电，确保了恶劣气候下的正常供电；园区污水处理系统得到完善，集镇的生活污水随工业污水接驳入城市管网，使集镇街市清洁明亮，也使母亲河桐山溪得到了保护。

第三，"以工兴镇，以工哺农"，工业的兴起促进了农业的发展。有机茶、黄栀子、槟榔芋构成了贯岭农业三大特色主导产业。全镇土地总面积为 78.65 平方千米，耕地面积 7252.2 亩，其中水田面积约 6000 亩。作为国家地理标志产品槟榔芋、黄栀子的主产区，集镇槟榔芋、黄栀子种植面积分别达到 4964 亩和 3.4 万亩。经济以农为主，林、牧、副、渔全面发展。粮食作物以水稻、甘薯为主，小麦次之，一年三熟，主要经济作物有蔬菜、栀子花、槟榔芋、黄栀子等。茶叶年产量达 1438 担。镇农林牧渔业总产值达 62570 万元。畜牧业以饲养生猪为主，2021 年累计出栏生猪 11438 头，年末存栏 4906 头。2021 年共实现工农业总产值 17.65 亿元，其中农业总产值达 6.15 亿元。镇农民人均纯收入达 22758 元，限上商贸总额达 2733 万元。

2003 年前的贯岭还只是个农业小镇，全镇多为山地，水田很少，农民收入低。20 世纪 90 年代贯岭的财政收入主要靠"七所八站"的罚没款收入，1995 年取消"七所八站"后，镇财政收入十分困难，有时连工资都发不出去。

穷则思变。如何改变这种状况，镇党委、政府一班人在不断思索。2003 年，贯岭镇党委、政府组织老党员、乡贤、村民代表、族头，在两个多月的时间里，召开了多次的研讨会和座谈会，并到闽南一带参观取经。大家一致认为：必须走工业富镇的路子。经过集思广益，大家认为贯岭虽然工业基础薄弱，但是在创办工业上有着得天独厚的优势：

其一，区位优势。贯岭地处闽浙两省三县交界，近距离居于苍南和福鼎两个市场经济较发达地区的中间地带，是福鼎承接温州地区产业梯度转移的"桥头堡"。而且，贯岭与苍南山水相依、婚姻相通、习俗相近，便于"招婿上门"。

其二，交通优势。贯岭路网发达，纵横交错，国道、省道、县道贯穿镇域，在分水关和邦福还设有 2 个高速互通口，交通条件优势凸显。

其三，土地优势。因福宁高速和温福铁路建设需要，分水关和邦福形成了两大弃土场，总面积达 250 亩，可供开发利用。104 国道在贯岭段长 14 千米，沿线有可供开发整理的边坡杂地约 2000 多亩，且不属农田保护区。

基于这些优势条件，镇党委、政府带领全镇干部群众形成了"以工兴镇"的共识。由于开发利用的土地依国道线分布，项目便被形象地命名为"闽浙边界工业走廊"。

2003 年，贯岭"闽浙边界工业走廊"首战在邦福村 104 国道沿线的杂边地拉开序幕。在浙南温州经济区的辐射带动下，至 2005 年，"走廊"引进各类企业 29 家，总投资 5 亿多元，其中投产企业 12 家，在建 3 家，签订投资协议 14 家。工业走廊初具雏形。

2005 年 3 月，贯岭镇党委、政府编制了《贯岭闽浙边界工业走廊建设发展规划》。规划建设目标为：以贯岭大坪园为中心区，以垅后、邦福、分水关为辐射区，形成一条"走廊"、四个"项目集中区"的点串格局。

四个"项目集中区"各具特色：大坪园项目区，主要引进汽摩配、纺织等轻工业制造业企业；垅后项目区，以生产通用设备和纺织为主业；分关项目区，以高档家具和机械设备制造业为主；邦福项目区，规划为农产品加工区，计划创建以茶叶精制和槟榔芋休闲旅游系列产品加工为主导的绿色食品生产加工和研发基地。

2005 年开始，镇党委、政府依据编制的规划，全力开展工业走廊大坪园项目集中区建设，主要对集镇区域的大坪园、战坪洋、岭脚、垅后等丘陵山地进行整理规划，意在打造一个较具规模的工业项目集中区。项目区首期建设规模面积近 800 亩，重点引进浙南瑞安汽车配件制造产业公司，以汽摩配产品为龙头，规划引进企业 15—20 家，年可创工业产值 20 —30 亿元。

贯岭镇党委、政府的主动作为，引起了福鼎市委、市政府的高度重视，先后批准成立了"贯岭镇闽浙边界工业走廊领导小组"和"福鼎市贯岭工业走廊建设协调领导小组"。2006 年 2 月，市建设局审定了《贯岭工业走廊规划》。在小组的领导协调下，工业走廊"安征迁"工作全面展开。

2007 年 4 月，市委在贯岭工业片区召开现场会，专题研究了工业走廊建设的相关事宜。会议议定园区污水未来将接入城市污水管网，并就项目的路、水、电、通信等设施建设作出了安排。

2009 年 12 月，工业走廊完成了大坪园、邦福片区建设，福建华康精铸有限公司、福建利丰机电有限公司、福建新永安机械有限公司、福建麦德龙食品有限公司等 26 家企业先后入住片区。

2010 年 8 月，工业走廊被移交贯岭镇政府管理。2011 年 11 月，福鼎市委、市政府批准成立"贯岭工业园区管委会"。从"工业走廊"到"工业园区"，镇党委、政府在做大做强、完善规划上下功夫、做文章，及时妥当地处理"安征迁"中的遗留问题；对已经供地，但长期未动工未投产的企业，采取"腾笼换鸟"方式，把地让出来，置换给有需要的企业，共置换土地 120 亩；管委会采取以商招商（通过入园企业引进企业）和以情招商（通过提供良好服务、提升服务能力吸引商家）等措施，加大招商引资力度；帮助入园企业到省外引进产业工人，为企业提供培训机会；

远眺贯岭工业园区（贯岭镇政府 供图）

逐步关停之前引进的化工类工业企业，设置入园门槛，引进效益高、投入产出比高的企业。这一时期，1000多亩用地的"安征迁"工作仅用了3个月就宣告完成。

为确保贯岭工业园区生产污水不影响母亲河桐山溪的水质，2011年11月，市政府就工业园区污水处理专门召开市长专题办公会议，提出要立即组织专家对贯岭建设综合污水处理厂项目进行论证。2012年6月，经《宁德市发展和改革委员会关于福鼎市贯岭污水处理及配套管网项目工程可行性研究报告的批复》，同意建设贯岭污水处理厂及配套管网项目。该项目采取BOT方式建设，总投资3566.82万元，其中厂区1552.28万元，管网2014.54万元。管网由桐山普后接入城市污水处理系统，日处理量设计规模为8000立方米。

2014年2月，完成垱后片区建设，有福建新鹏纺织有限公司、福建晨兴纺织有限公司等25家企业入驻。2016年2月，完成分水关片区建设，有福建康达农业发展有限公司、福鼎市宏华家具有限公司、福建东联机车部件有限公司等15家企业入驻。

2018年3月，经福鼎市委、市政府决定，撤销贯岭工业园区管委会，园区由贯岭镇人民政府管理。

2021年10月，姚澳内食品加工片区建设完成。12月，工业园区扩大规划体量，决定在分水关村建设食品谷产业园，项目用地约2000亩，涉及郑厝、下罗、岩尾、阙厝等10个自然村。规划建设8个功能区，即中央厨房、综合食品深加工中心、农产品深加工中心、农产品初加工及城配中心等。福鼎食品谷产业园项目由福鼎市国有资产投资经营有限公司联合贯岭镇开发建设，项目投资估算约346亿元。

百年传承"张元记"

朱小陆

百年茶号"张元记"由贯岭镇邦福村（别称"石崩窟"）张永德（1874—1911）于清同治七年（1868）创立。张永德的曾祖父张其泰于清雍正年间从浙江苍南浦尾迁于此垦荒种茶，育四子，长子元房，故取茶号为"张元记"，取"一元伊始""为首"之意。

《张氏宗谱·永德公实录》载："以诚实忠信为本。"诚实忠信、克勤克俭，是"张元记"事业成功的重要原因。

张永德年轻时，陪舅舅、邑内名人林滋秀进京赴任，沿途结识了很多名人雅士、文坛诗友，开阔了眼界，积累了广泛的人脉基础。他吸取六安瓜片、西湖龙井、碧螺春等名茶制法，以福鼎独特优质的茶叶原料，制成福鼎"张元记"红茶、绿茶、白茶和花茶。

"张元记"第二代传人张正杨（1851—1912），号德轩，国学生，为人谦恭，礼贤下士。《张氏宗谱·正杨公传赞》载其"克守先人之遗业，经营勤俭"。在他的带领下，"张元记"逐渐发展壮大，生意越做越大，不但做茶，还经营烟草。清末民初，张正杨到福州或温州取回汇兑，一路有青壮年挑夫近百人，浩浩荡荡，前后有警察护送。

"春膏洋溢"匾（张礼雄 供图）

其茶叶北销京城，南销澳门，走向世界。这一时期为"张元记"茶烟行的第一个高峰。

"张元记"第三代传人张守龙（1869—1951），字超麟，号忍卿，国学生，族谱载其"过人之品过人之识谋，经营也则权衡悉当"。《张氏宗谱·忍卿公传赞》载其"购闽浙于烟茶，通商各处；肯大厦有三座，千顷承租"。

"张元记"第四代传人张君武（1900—1951），字维周，法政大学毕业生，曾任福鼎县法院书记员、福鼎县议员、福鼎县商会主席、福鼎县农会干事长、福鼎县茶业公会会长。

"张元记"发展的第二个高峰在抗日战争时期。"张元记"在桐山城内有"上张元记"和"下张元记"。"上张元记"就是原桐山区公所。彼时，借助中立国的旗号，在福鼎众商家挂靠温州大商号，进行对外贸易，福鼎茶业得以发展。1941年，在福鼎99个商号中，"张元记"名声最为显赫，桐山民谚有"世上有钱张元记，采茶捆烟头一家"。"下张元记"系张维周所开，其为开拓福鼎茶业的海外市场作出了贡献。1945年，日军过境桐山城，"上张元记"毁于战火，"大厦三座"化为废墟。但张家仅次年便重建"张元记"，重整旗鼓，还从上海购进先进的制茶设备，大规模投入生产。"张元记"之兴盛由此可见一斑。

1949年后，"张元记"开始走向没落，淡出人们视野，消失在历史尘埃中。

"张元记"的复出源于1964年出生的新一代茶人张礼雄。

张礼雄，国家一级评茶师，制茶高级工程师，宁德市科技特派员。张礼雄是"张元记"茶业第五代传承人，1984年毕业于宁德地区农校茶叶专业，现任全国茶叶标准化技术委员会白茶工作组成员、中国白茶研发中心（福鼎）兼职研究员、福建省茶叶标准化技术委员会观察员、中国茶叶流通协会常务理事、福建省茶叶学会理事，从事茶叶相关工作约40年。他2020年被评为非物质文化遗产福鼎白茶制作技艺宁德市代表性传承人，2021年被评为非物质文化遗产福建省"张元记"红茶（白琳工夫）制作技艺代表性传承人，2016年主持申报的白茶加工方法荣获国家发明专利。

张礼雄于1984年7月参加工作，先后在福鼎县茶业管理局、福鼎市茶叶公司和福鼎茶厂等单位就职，从事茶叶种植、栽培、加工及毛茶采购、评审和拼配等相关管理工作，积累了丰富的从业经验。1991年，张礼雄牵头成立福鼎市名茶新技术研究所并任所长，著文《福鼎白茶生产工艺及储存关键控制点调整实践与思考》，从理论上阐述了福鼎白茶传统工艺的关键技艺特点。他还曾积极参与国家"白茶""白茶加工技术规范""紧压白茶"等多项标准的起草和制订。他所参与起草制定的国家"白茶加工技术规范"荣获2020年福建省标准贡献一等奖。

1998年，张礼雄重新启用祖上老字号"张元记"，成立"张元记茶业有限公司"，在国家工商总局注册"张元记"商标。他所研发生产的高香绿茶、茉莉花茶、白茶、白琳工夫红茶等多品类茶叶品种，销往北京、天津、山东等多省的国内大中城市以及日本和欧美、东南亚各国。"金绒凤眼""茉莉太姥玉蝴蝶""茉莉太姥大毫银针"等特色品种在各种全国性赛事中获奖。作为福鼎白茶与"张元记"红茶制作技艺非物质文化遗产项目代表性传承人，他在继承与发展福鼎白茶与"张元记"红茶制作技艺的道路上，不辞艰辛、敢于创新，使"张元记"迎来了发展的新时代。

作为省级非物质文化遗产，"张元记"完整保留了红茶手工制作技艺，是福鼎"白琳工夫"红茶手工茶叶制作技艺的极少数传承代表之一，是闽东、浙南茶叶制作技艺的一朵奇葩。

"张元记"红茶以其技艺的独创性、科学性和规程的严谨性独树一帜，对提高红茶生产技艺水平作出了突出贡献。"张元记"红茶外形条索芽壮显金毫，色泽金黄闪亮，香气醇郁清高，滋味鲜醇高爽，汤色橘红鲜艳，清亮有金圈，叶底肥嫩匀亮。

"张元记"福鼎白茶的"绝招"在于其独特的常温常态密封陈放储藏工艺——"保任"。"保任"是将制作完成的茶叶放入苎麻袋后，再放入陶缸内，缸口用牛皮纸密封几天。这一技术解决了福鼎白茶初加工成品在滋味上过于淡雅的问题，白茶在陈放过后口感更醇厚鲜爽，汤色橙黄，经久耐泡，可泡8—10次。

百年茶号"王宝利"

〜朱小陆

　　福鼎市第五批非物质文化遗产代表性项目"贯岭王宝利白茶制作技艺"可溯至清乾隆、咸丰年间。王氏一族王锡礼（1787—1856）于军营十二路开垦茶园，经历代传承，至第四代王运谈（1874—1904）和王运土（1884—1894）创字号"王宝利"，在福鼎、福州、温州等地开茶行，经营茶叶生意。

　　"王宝利"创号后，历代均有传人从事白茶种植、采摘、制作、经营活动，产品远销海外。在军营十二路王氏祖宅内，还存有当年"王宝利"创号使用的印鉴、制茶工具等老物件。

　　"王宝利"当代传承人为王旭生。他承祖上相传制茶技艺，在磻溪、贯岭从事茶种植、制作、销售，先后成立"旭隆生""王宝利"茶业有限公司，2018年在国家工商总局注册"王宝利"商标。王旭生在继承和发扬其祖上留下来的"王宝利"传统制茶技艺的基础上，发挥专业特长，结合实际进行创新发展，让百年茶号发扬光大。他立足福鼎太姥山得天独厚的自然环境条件和丰富的茶叶品种资源，生产传统手工福鼎白茶，兼白琳工夫红茶、茉莉花茶、栀子花茶等多品类茶叶产品，产品销往北京、天津、山东等十几个省市，部分产品通过茶业进出口公司远销欧美。

　　"王宝利"白茶传统制作技艺主要以福鼎大白茶、福鼎大毫茶这两种国家优良茶树品种的鲜叶为原料，经过萎凋、干燥工序，采用不揉不炒的精细方法加工白茶。从采摘开始，"王宝利"就有着严苛的规定和要求，只采摘毫多的肥壮芽叶。它有"十不采"的规定："雨天不采，露水不干不采，细瘦芽不采，紫色芽不采，人为损伤不采，虫伤芽不采，开心芽不采，空心芽不采，病态芽不采，霜冻芽不采。"芽叶经采摘后马上进行萎凋。"王宝利"白茶工艺保留了传统日光晒和自然晾青萎凋工艺，所制白茶具有干茶清香、毫味醇厚、回甘明显、汤色杏黄、叶底翠绿等特征。

　　"王宝利"在贯岭镇军营村拥有1800亩茶园。茶园采用无公害管理方式，使用天然肥料，在茶园散养鸡，栽种防护林，形成完整的循环生态农业系统。茶园附近有天然山泉水依山而下，周边群山环绕，远离污染。"王宝利"白茶专注于福鼎白茶传统炭焙的加工生产，遵循古法，看天焙茶、看茶焙茶，根据实际的气候环境及茶叶的各项数据制定焙茶的温度与时间。传统炭焙已成为"王宝利"的标识。

贯岭弹簧厂

○ 许　峰

　　贯岭弹簧厂创办于 1971 年，由当时的贯岭农村合作社筹建。第一任厂长是贯岭农村合作社李启农。刚开始时租用两间民房，职工主要以镇直单位的家属为主。创办伊始，厂里没有设备，由七八个工人自制工具，生产拖拉机配件——弹簧。工厂几经易址，后建于 104 国道边。通过努力，贯岭弹簧厂渐成规模，工人发展到五六十人，建起厂房及配套设施，包括生产车间、包装车间、厂办公室、工人宿舍等，建筑面积达 15000 平方米，是当时闽东地区唯一的弹簧厂。

　　弹簧刚开始以工人手工制作为主，后来才逐渐用机器替代。贯岭弹簧厂是当时贯岭唯一的一家工厂，规模虽小，但也解决了五六十人的就业问题。工厂在一穷二白的境况下起步，因资金缺乏、设备简陋、技术低下、产品单一、产量不高，年产值仅几万元。尽管如此，工人们仍干劲十足，在生产中不断积累经验，不断进行技术改造和革新，使产品质量得以保证，在激烈竞争中得以生存。改革开放后，随着经济不断发展，人们的生活水平逐步提高，弹簧走进了寻常百姓家，席梦思和美的梦床垫以及沙发等家具都与弹簧结缘，弹簧厂的产品日渐多样。工厂购置了生产弹簧的新设备，弹簧产量和质量得到大幅度提高，产品销往全国各地。

　　1994 年，因国有企业改制，根据省政府有关文件的规定，贯岭弹簧厂退出了历史舞台，定格于建厂之后的第 23 个年头。

佛像塑造

✎ 朱小陆

苍南文巧塑铸工艺有限公司于 1985 年在浙江省苍南县创办，2012 年正式入驻福鼎市贯岭工业园区，在福鼎注册为"福建福鼎文巧塑铸工艺有限公司"。公司坐落于贯岭工业园区沁园路 28 号，总用地面积约 40 亩，建筑面积约 20000 平方米，年产值约 1000 万元，主营铜铸佛像和生漆脱胎佛像。

公司创始人周文巧，1971 年生，浙江苍南籍。周文巧是家族佛像塑造技艺第六代传人，周氏家族许多人都是塑像高手，福鼎许多庙宇、道观的佛像、神像均出自周氏家族之手。周文巧天资聪慧，自幼喜欢塑像，在祖父和父亲的悉心教授下，16 岁便出师授徒，弟子累计超 50 人，其中不乏行业中的佼佼者。

周文巧擅长塑造生漆脱胎佛像。生漆脱胎佛像是以天然生漆、麻布、金、银、珍珠贝、蛋壳、颜料等为主要材料，经设计、塑坯、脱胎、打底，施以各种脱胎漆艺的装饰工艺后，经罩光、推光、揩漆等数十至一百多道工序，方成光亮绚丽的"生漆脱胎佛像"。周文巧的生漆脱胎佛像工艺十分考究，他在秉承传统生漆脱胎造像技法的同时，经数十载潜心研究，结合现代科技创造，工艺独特。他所塑佛像线条优美、质地坚固、历久弥新，深得客户好评。

周文巧亦擅长塑造铜雕佛像。铜雕作品工序烦琐，需经过制作泥塑、开模、制作树脂原型、修整树脂胚体、制作空腔砂型、铸造、铸件修整及表面处理等步骤，每一步骤都需要完美衔接。他的作品讲究意境美与绘画美，提升了铸铜雕塑作品的文化内涵和审美品位，具有实用价值、人文价值、艺术价值、工艺价值、文化交流价值和收藏价值。

周文巧的作品曾获多种奖项：《太姥娘娘像》获福鼎市第二届太姥网络文化节暨首届文化创意设计大赛一等奖，《太姥娘娘煮茶图》获福鼎市第三届太姥网络文化节暨第二届文化创意设计大赛一等奖，《铜铸罗汉：法无住尊者》获第七届福建艺术节全省优秀民间艺术作品展优秀奖并被福建省博物馆永久收藏。

贯岭黄栀子

马玉珍

贯岭镇山清水秀、空气清新，绿化率达 90% 以上，属亚热带海洋性季风气候，年平均气温 19.7℃，年平均日照时数累计 1680—1900 小时。无霜期 270 天左右，年降水量 1654 毫米。山地土壤以红壤、黄红壤、粗骨性黄红壤为主，Ⅲ、Ⅳ 类地占比较大，自然条件适合黄栀子生长。随着黄栀子种植面积和产量、产值的逐年增加，福鼎市栀子产量及产值已占据全国的半壁江山，贯岭镇则成为国内规模较大的栀子果交易集散地之一。贯岭镇因黄栀子花而变美，被授予"中国栀子文化小镇"称号。

福鼎已有 250 多年的栀子栽培历史。清乾隆《福宁府志》卷之十二《食货志·物产·药属》载："山栀子一作枝子，佛书呼为檐，花开六出，其实七棱，亦名越桃。"贯岭镇分水关村与茗洋村交界的内洋自然村内就有一棵百年栀子树，有 7 个分枝，树高 2.8 米，冠幅近 3 米，每年挂果达 15 公斤左右。2006 年，该树被超强台风"桑美"摧毁。

栀子浑身是宝，其花可食用，也可提炼原液或纯露，是极好的美容护肤佳品。其果可做染料，也可提炼栀子油，还能治病，是一味常用的中药材。

我国人民很早就采摘栀子提炼色素，用于食品和物件染色。栀子在唐宋以前被作为黄色染料，栀子的果实中含栀子黄素，藏红花素等，可用于染黄。《汉官仪》有"染园出卮、茜，供染御服"。古代用酸性来控制栀子染黄的深浅，欲得深黄色，则增加染中醋的用量。栀子浸液可以直接将织物染成鲜艳的黄色，我们熟知的湖南马王堆出土的黄色染织品即来源于此。栀子黄是天然食用色素，安全性高、稳定性好，无毒副作用，对淀粉、蛋白质等均具有优良的染色能力，现已广泛应用于糕点、面食、饮料、糖果等各种食品，也用于医药和化妆品领域。栀子也是一味传统中药材，具有清热、泻火、凉血等特性，可治热病、虚烦不眠、黄疸、淋病、消渴、目赤、咽痛、吐血等，历代医书中都可见到对它药效和用法的描述。《闽东本草》载："栀子治尿淋、血淋，鲜栀子二两，冰糖一两。煎服。"《伤寒论》载："栀子治伤寒发汗、吐、下后、虚烦不得眠、心中懊，栀子十四个（剖），香豉四合（绵裹）。上二味，以水四升，先煮栀子得二升半，纳豉，煮取一升半，去滓，分为二服。温进一服，得吐者止后服。"《丹溪纂要》载："治胃脘火痛，大山栀子七枚或九枚，炒焦，

栀子花（周兆祥 摄）

水一盏，煎七分，入生姜汁饮之。"《丹溪心法》载："治妇人子肿湿多，炒山栀子一合。为末，米饮吞下，或丸服。"

在贯岭，人们对黄栀子的药用认识始于一个感人的故事。相传，贯岭分水关一带有一个村民以砍柴为生，一天上山砍柴，天黑路滑，不慎摔下山谷，腿部严重受伤，在山谷间昏迷了一夜，直到第二天清早人们发现他，才将他背回家。因没有钱看病抓药，他的母亲向人们打听良药，最后有好心人告诉她野栀子可以一试。他的母亲经过几天的翻山越岭，终于在深山中找到了野生黄栀子，按旧方法将栀子捣碎，加入面粉、蛋清和酒，经调匀后敷在儿子的伤口上。几天后，村民便可以下床走动。后来，母亲采栀子救儿的事在贯岭流传开来，栀子也被越来越多地用作中草药。民间药师们十分善于积累经验，后来以栀子花、栀子干、栀子根为药材的药方越来越多，治好了一方百姓。

现代医学研究表明，黄栀子对于治疗部分肝脏、胰腺、心血管系统疾病有一定效果，还具有抗菌、镇痛、抗炎等功效。

黄栀子还有十分重要的生态功能。作为灌木树种，其枝繁叶茂，四季常绿，耐干旱瘠薄，能保持水土、美化生态环境，是经济效益和生态效益兼备的优良树种。种植黄栀子不仅能促进农村经济发展，还能改善农村生态面貌和人居环境。

黄栀子有着较高的经济价值。目前，贯岭镇栀子花和栀子果每亩收益可达2160元，成为拉动当地群众致富的"金锭子"。

20世纪90年代以前，因产量低和加工方法落后，贯岭黄栀子无法形成规模化生产。

2000 年初，福鼎市林业科技推广机构负责人孔悦平前往江西、四川等栀子主产区考察，引进 12 个品种到贯岭试种，并对栽培品种进行选优，进而研发出以贯岭分水关村命名的"分关 1 号"。2013 年 1 月，"分关 1 号"黄栀子获福建省林木品种委员会颁发的良种证。

"分关 1 号"黄栀子适应性强，树形好、分枝多、花量大、坐果率高、产量高，栀子苷含量高达 5.5% 至 8%，抗性强、成熟期一致、外观好，耐修剪、寿命长。该品种黄栀子种后第三年即进入初产，株产鲜果达 0.6—1 公斤；第六年进入盛产，盛产期 10 年以上，产量逐年提高，栽种 8—10 年亩产量达 500—800 公斤。鲜果采收时间为霜降至立冬，海拔较高地区可推迟 15—20 天。产量下降后，经平茬、修剪可恢复旺盛生长。

2005 年至 2010 年，福鼎栀子鲜果价格持续 6 年低迷，每公斤不到 1 元。福鼎黄栀子产业面临着前所未有的挑战。2012 年，国内新一轮栀子果供不应求的局面终于出现，栀农获得前所未有的丰收，贯岭黄栀子也迎来了发展的春天。经过几年的努力，贯岭黄栀子种植面积从近万亩迅速发展到 3.5 万亩，年鲜果产量达 2 万多吨，开设产地初加工厂近 30 家，占国内药用栀子 25% 以上的市场份额。

为了更好地发展栀子产业，"分关 1 号"主要研发人孔悦平专心致志地投入"黄栀子综合利用"项目。他通过全产业链开发，做大做强黄栀子产业，成功开发栀子油、栀子鲜花提取物、栀子白茶等产品，并取得栀子油提取方法、栀子白茶制作方法、富含亚油酸的高品质栀子籽油的制备方法等 3 项专利。

中药材天地网与福建恒康生态农业发展有限公司联手在贯岭镇建设福鼎栀子电子商务中心，并在中药材天地网开设福鼎栀子销售专区，通过"互联网＋"，让福鼎市的黄栀子直接和需方见面，减少中间环节，提高农民收益。

每年五六月间，小镇里座座山头的栀子花纷纷绽放，形成一片白色的花海，奇丽之景与南宋《舆地纪胜》中记载的"夏弥望如积雪，香闻十余里"一般无二。小镇贯岭以"栀子文化小镇"的美誉名闻海内外。

栀花养眼，栀香醉人。每年盛花期，慕名而来的游客络绎不绝。多年来，贯岭镇人民政府切中这一旅游市场契机，持续注重"花海经济"旅游资源开发，通过连续举办"栀子花农旅文化节""栀子花摄影大赛"等活动，加大宣传推介，完善配套设施，带动乡村旅游发展。2020 年，贯岭镇与浙江泰顺县彭溪镇携手合作，打造百里花海旅游线路（从贯岭镇贯岭村出发，途经茗洋村、分水关村，再到泰顺县彭溪镇西关村，全程 13 千米），为游客提供白天赏栀子、夜晚赏灯光的"白＋黑"旅游产品组合，进一步强化闽浙边产业互动与民俗交流，积极打造"栀子小镇＋全域旅游"新模式，为振兴乡村经济注入活力。

贯岭槟榔芋

　　福鼎芋表皮呈棕黄色至棕褐色，芋肉为乳白色，带紫红色槟榔花纹，故又名"槟榔芋"。其栽培已近600年。清嘉庆《福鼎县志·物产篇》中就有"状若野鸥、谓之芋魁"的记载。槟榔芋形状椭圆，每年惊蛰、春分开始种植，霜降时即可收获，每株有唯一的母芋及大小不等的小芋。贯岭镇山清水秀，优越的自然环境和良好的水土条件使得种植出来的芋头肉细、松、香、酥，吃起来特别香。如今，作为最具特色的农产品之一，福鼎槟榔芋蜚声海内外，先后荣获轻工部名优新特产品和工业品博览会优秀奖和福建省人民政府食品工业武夷奖等，被授予"福建省名牌农产品"，获"福建省著名商标""中国驰名商标"等诸多荣誉。

044

贯岭槟榔芋芋王（肖传艾 摄）

据连续多年获得"芋王"称号的贯岭何坑村村民张桂凤说，从开春二月三埋下芋种，到冬至前收成，要历经将近 300 天的时间，其间一刻也闲不得。下种前要收集草木灰，在打好的土窠里撒上薄薄一层，然后把芋子播下去。等到根须长出叶片和枝干的时候，把土堆起来，就要开始灌水、锄草、施肥。土太松了水分不足就要浇水，雨水多了太涝又要排水。种芋头不像干木工活，有尺寸可以量，没有底可摸，全凭自己的经验。大芋头更不好种，因为台风会吹得大叶片不停地左右摇晃，芋头的皮被磨破后，很容易烂在地里。要想培育出大芋头，需要花大心思琢磨。芋头不仅培植需要方法，储存也须得当。把地里挖出来的芋头重新埋回土堆里，头朝上，脚朝下，有利于除去芋头里面多余的水分，吃起来才会更香。第二年，须将种芋的田地改为种水稻。一年芋头一年水稻，轮番种植才能确保土壤营养。

贯岭槟榔芋的食疗价值很高，具有补中益气、健胃消食等作用。芋头中丰富的黏液皂素及多种微量元素，可帮助机体纠正微量元素缺乏导致的生理异常，既能够养胃、治疗胃寒症，增进食欲，帮助消化，又能够补肾虚，缓解肾阴虚引起的腰酸、燥热、盗汗、虚汗、头晕、耳鸣等症状，还能够健脾补气，适用于脾气虚弱、运化无力所致的脘腹胀满、大便溏泄、食欲不振、肢倦乏力等症。除此之外，槟榔芋还能够美容乌发。芋头为碱性食品，能中和体内积存的酸性物质，协调人体的酸碱平衡，达到美容养颜的效果。槟榔芋甚至能够解毒防癌，芋头中的一种黏液蛋白在被人体吸收后能产生免疫球蛋白，提高身体的抵抗力，对人体的癌毒有抑制消解作用。

古时，中秋节有用芋头祭月、祭土地神的习俗。如今，芋头走进寻常百姓家，成为一道美食，深受人们喜爱。槟榔芋可炸、煮、蒸、炒，可甜可咸，做粮做菜皆宜。挂霜芋、老鸭母芋头汤、槟榔芋扣肉、葱油槟榔芋、八宝芋泥、芋头饭都是寻常百姓餐桌上常见的美味，舌尖上的最爱。而用槟榔芋粉烹调的红鲤藏泥、太姥唐塔、太姥芋泥、芋虾包、菊花芋等系列名菜，已被列为人民大会堂和钓鱼台国宾馆的国宴佳肴，受到党和国家领导人以及外宾的赞赏。鲜母芋可以雕刻出形态各异的花纹，蒸熟后即为色、香、味、形俱佳的宴上名菜。

坊间一直流传着一段佳话，说的是林则徐以槟榔芋泥教训洋人的故事。1839 年，林则徐在广州禁烟时与英美等国领事同席，洋人用表面冒气里面冰冷的冰激凌为难中国官员，林则徐则针锋相对地以外表冷静内心炽热的槟榔芋泥回敬洋人。由此可见，槟榔芋的衍生加工制作至少在清代就已有了成熟的技艺。

战坪洋芋农洪晨助（1900—1974），20 世纪 30 年代始在贯岭古官道经营客栈逾 30 年。相传，其客栈招客之菜常为芋泥、芋丸、芋条等，由此形成洪氏家传绝活。其孙洪吉雄，20 世纪 90 年代初始专注于槟榔芋的栽培种植；通过合作社的方式，在松洋、文洋等村落拥有芋田 300 多亩。2013 年，在家传的基础上，他开始进行香芋制品研发生产，将民间手工制作技艺转变为半自动、全自动生产线，自主研发的生产设备已获得 6 项国家专利，形成规模生产。他的一些产品经冷冻，成为可长期储存和远程输送的槟榔芋系列制品。目前，其产品畅销国内各大城市和东南亚各国，成为福鼎市主要出口创汇农产品之一。

　　贯岭镇作为福鼎槟榔芋的核心主产区，目前种植槟榔芋 4519 亩。槟榔芋种植是贯岭镇三大主导农业特色产业之一，长期以来，贯岭镇政府注重槟榔芋产业的发展，将槟榔芋列为重点发展的"8+1"特色产业之一，并加以扶持。作为推动乡村振兴的有力抓手，政府从宣传、引导、种植、生产等方面入手，坚持发展方向不动摇，产业扶持不懈怠，全力支持槟榔芋全产业链发展，为福鼎槟榔芋发展树立了一面旗帜。2009 年以来，贯岭已成功主办了 8 届槟榔芋芋王赛，建成了何坑、透埕等 3 个槟榔芋标准化种植核心区。特别是 2020 年以来，贯岭镇立足槟榔芋资源优势，通过举办槟榔芋采收节、芋王赛、槟榔芋摄影采风活动，创建槟榔芋特色农产品优势区，宣传核心主产区品牌，包装鲜芋产品，培训种植能手等措施，加大槟榔芋核心区产业基地投入，进一步强化何坑、透埕等村槟榔芋高优示范基地建设，带动群众增收致富。2020 年，贯岭槟榔芋每公斤市场均价可达 12 元，较 2019 年同期每公斤价格上升 6 元，是同类槟榔芋价格的 4 倍以上，成为行业价格标杆，这极大鼓舞了芋农种植积极性，有效带动福鼎槟榔芋产业良性发展。

排头村农村养老院

裘见广

　　贯岭镇排头村距市区 12 千米，距集镇 8 千米，全村道路经水泥硬化，村内有 971 省道穿村而过。乡贤爱国侨胞李自治父子于 1992 年 12 月捐资兴建了用地面积 2400 平方米、建筑面积 625 平方米的"自治小学"。学校建筑造型和质量在当时均居全县农村小学一流水平，校园绿化率高，环境优美。但由于受国家计划生育、农村人口城镇化等因素影响，生源逐年减少，学校于 2005 年停办。村书记李求銮望着眼前闲置的校舍，心中的惋惜之情油然而生。而由于城镇化进程的加快，劳动力大量转移，农村空巢老人数量持续增加，留守农村的空巢老人的养老问题面临着前所未有的困境。

　　在与家人充分沟通，征得村两委的同意，并经村民代表大会通过后，李求銮与人合伙，将空置的校舍租下来改办养老院，并起名"排头幸福苑"。2013 年 2 月，在经过一番改造之后，幸福苑焕然一新，内里装修干净舒适，开始正式挂牌收养老人。一开始只有 3 位老人入住，李求銮没有灰心，始终遵循"一切为了老人，为了老人的一

排头村养老院（李求鸾 摄）

切"的办院宗旨，坚持在服务上做到"五心、四顺、四服务、四轻"（爱心、诚心、细心、耐心、贴心，顺老人言、顺老人心、顺老人意、顺老人味，微笑服务、敬语服务、贴心服务、勤快服务，说话轻、走路轻、操作轻、开关门窗轻），不断加大硬件投入，强化软件建设，按照管理规范化、环境园林化、生活多样化、服务优质化的要求，把幸福苑办成颐养天年的乐园、老龄活动的场所、精神文明的窗口。

入住养老院的老人一般年龄偏大，且长年从事负荷较大的体力劳动，文化程度较低，健康观念陈旧，健康问题相当突出。而有着20多年村医经验的李求銮在应对农村老年人的常见病、多发病诊断治疗方面有着相当丰富的经验，他坚持免费对老人们进行血压、血糖、心率等基础体检，做好记录，并配合日常饮食，对老人的身体进行调理，使大多数老人的身体健康状况较之前有较大好转，家属来探望时都深感欣慰，大加赞扬。来自何坑村的92岁老人林发久原已中风瘫痪在床，经过各方面的综合调理，现在已能够独立上下楼；来自透埕村南峰山的75岁老人曾文金入住幸福苑之前已被医院判定生命只剩"三个月"，后来却奇迹般地活下来，身体状况日趋良好，能四处行走。

幸福苑因其良好的服务、清幽的环境，吸引了本市各乡镇的老人入住。如今，已入住老年人54位，其中，本村9人，本镇其他行政村11人，其他乡镇34人。这些老人大部分是孤残、空巢老人，还有3人是本村的"五保户"，本着回馈社会的理念，幸福苑只收取他们的低保金，并一视同仁，认真护理。

宗族聚落

百井坵回族村

许 峰

　　贯岭镇透埕百井坵回族自然村，居住着 179 户、近 500 人的郭姓回族同胞。村庄临溪而建，溪水清澈，青山环抱，林木葱郁，环境清幽。郭氏系太原郡一脉，传至十六世郭承士，迁于汀州府上杭郭邦村。后有郭一勋生三子，朝选、朝圣、朝达。乾隆三十八年（1773），郭朝达派下第三世郭玉质、郭玉练由上杭转徙百井坵，郭玉练后复迁十九都乌石门下厝岚卜宅居住。郭玉质为百井坵之肇基始祖，他性情忠厚，以诚待人，远近商贾都乐与之交往，郭氏家族遂迅速发达。至今已传 300 多年，30 多世。

　　百井坵郭氏回族沿袭祖上文化，每年九月九重阳节举行祭祖活动，活动氛围浓厚，风格独特。据《纂修郭氏族谱旧序》载，其祖上郭观生、郭富生等有回上杭同族祭祖之习，有重修地下溪祖屋、拾葬祖坟之举。

　　作为回族村落，百井坵在祭祖习俗上表现出与汉族村落不同的仪式规范，主要体现在供奉祖先的主祭品上。供品须为生食，以荤类居多，常见的有生鱼、生鸡、生虾，这与当地的饮食习惯和信仰有关。如鸡在民间文化中象征生命力与光明，又与"吉"谐音，被赋予了吉祥的意义，代表人们对生活质量的追求。又如虾，身躯弯弯却顺畅自如，寓意遇事圆满顺畅，生活事业游刃有余。

　　礼毕，将供品收回，制作好之后分给亲朋好友吃，尤其是孩子们更要多吃，可得到祖先的庇佑，这一环节被称为"分享"，是必不可少的。

　　百井坵自然村在九月九还有宴请习俗，即每家每户须宴请亲朋好友来家里做客吃饭。在重阳节这一天，在外的宗亲都会回到百井坵与亲人相聚。

　　百井坵的村民热情待客，总是拿出最好的食物招待客人。客人吃得越多，主人就越高兴。饭后往往还招待客人看戏，一是为了过足戏瘾，二是可聊天联络感情。

　　每年重阳节将至，便会有几位百井坵自然村德高望重的人出来牵头组织，自发筹资邀请民间的戏班子到村里演出。演的主要是提线木偶戏。起初，村民们请戏班子只是为了图个喜庆，后来渐渐地演变成一种习俗。村子里很多人都爱看提线木偶戏，尤其是上了年纪的人，只要有戏看，便会从大老远赶来。

　　重阳节看社戏这一习俗在透埕百井坵自然村代代传承。百井坵虽然没有专门演

百井坵村貌（林华群 摄）

出的戏台，但有一个看戏厅，每当提线木偶戏开演时，看戏的人便搬着凳子从四面八方汇拢来，有滋有味地围聚在看戏厅前，甚至有邻村村民不惜走上个把小时赶来看戏。

茗洋翁氏

✎ 翁君传

茗洋翁氏始祖尚北，于明万历十五年（1587）从泉州安溪科榜徙迁至浙江平阳三十七都五岱。传翁仰溪，再传翁良彩。翁良彩育启荣、启祥、启德三子，分孟、仲、季三房。翁启荣迁居台湾；翁启祥迁居澳仔复迁濑溪；翁启德于明崇祯年间肇基茗洋翁厝，育四子元房志英、享房志雄、利房志勇、贞房志义。翁氏肇基茗洋至今已有400余年，家族不断繁衍发展，现有1000余人。茗洋翁氏重视家族文化教育和学业精进，据统计，至2022年，翁氏族人居住的茗洋里澳自然村计有硕士14人、博士6人、科级9人、副处3人、享受副厅待遇1人。

翁氏始于姬姓，源流可溯至3000多年前的周文王（姬昌）。周文王五世孙周昭王（姬瑕）之庶子，名溢，食采翁山，封翁山王，赐名翁溢，盐官郡，卒后被追封为端明王，为翁氏的立姓之祖。《元和姓纂》载："周昭王庶子食采于翁山，因以为姓。"《翁氏宗谱》《姓氏考略》等均有记载。

传至原城三十四代翁轩，为唐天宝年间甲榜进士，官朝议大夫，后迁闽州刺史，因留恋闽之山水毓秀，遂居福建为开闽始祖。翁轩入闽仕宦大获功勋，唐建中年间被赐封"京兆郡"。元朝末年一支由闽之泉州迁徙安溪县，为茗洋翁氏之祖治斋公。

西山张氏

◎张孙华

西山村东邻松洋村5千米，西通山前村10千米，距镇所在地10千米。张氏分布于上西山、益垅、后溪、往里、门头里、老花岩碇步头、峰坑等自然村。元至正年间，泰顺张福后裔张桶僧和两个儿子共迁桐山西山，并定居于此，至今近600年，繁衍22世。

《西山张氏谱序》曰："桐水张氏，世居西山，祖处州人，忘其字讳，追号曰仁肇公，先住温州，旋居平阳，又迁本邑柘头，二世改宅于此（指西山）。"清同治十年（1871）春仲，张羽直的《张氏修谱自序》又曰："自我一世祖仁肇公由浙江之处州丽水县下河张迁居温州永嘉住二年，旋迁平阳陈家堡又五年，迁福宁州桐山十九都柘头仔，二世祖周保公转徙西山埛底燕窠内，其居屋坐乾向巽，今基址尚存下情。"但上述谱载均未详细记载西山张氏之始祖及迁居时间，以致西山张氏谱系模糊，脉络不清。

2008年，浙江泰顺三魁张氏祭祀张福，众人翻阅三魁旧谱，才在张福派下仁勇公之三代孙张廷厚（三槐张氏始祖）裔下五代中发现张桶僧公父子迁桐山西山之记载。

西山张氏宗祠坐落于贯岭西山，乃门头里、碇步头、老花岩、下后溪、上后溪、上西山、峰岗坑、往里、益垅、上坪园、北山庵、点头安民街、白琳、车头山等张氏宗亲联合共建。宗祠创建于1959年9月，三楹一进，为砖木结构。1998年再修围墙。宗祠占地约500平方米，建筑面积350平方米。2005年又扩大增修，2008年经张孙铁、张孙华、张孙妹、张子团等主事与合祠之十余支宗亲负责人议定，于祠堂右前下埕新建一幢三楹二层宗亲集会办公楼，解决了十余支宗长议事无地点、会亲无场所之困局。

西山张氏宗祠属下尚有寺庙2座、凉亭1处：

普济寺　坐落于西山莲花山，建于1934年，砖木结构，正三楹，左宿舍右厨房，坐北朝南，北靠凤凰山，南朝狮山，有雄狮戏球之景。寺殿坐落浮水莲花地花蕊中心，数重林木掩映叠翠，大溪从右首环绕，右出龙井潆水，直出东海。2002年，首事张子旭、主事张子松集资40余万，将寺院改建为二层砖木混凝土结构，飞檐翘角，颇为壮观。

龙华寺　坐落于西山溪美，建于1990年，主事张子评。坐东朝西，东靠龙山，西朝钟岗，左为龙井潆，右为桐茶溪，前为水库。龙井潆水景致优美，可供休闲赏乐。

岭头凉亭　坐落于铁塘里岭头路中，坐西朝东，建于1959年8月，张子彭、张孙钟、张学眼、张孙树、张学眼、张孙浮等任主事。路通闽浙，小憩亭中，可鸟瞰福鼎市区全景。

《西山张氏宗谱》原有清同治年修本，1977 年又重修。2008 年，福鼎市张氏文化研究会提议更新宗谱，重理源流脉络，重新订正谱序。2009 年，合族共议，确定重修宗谱，修正谱序，以正本源。

至 2021 年，西山张氏总人口约 1300 人。后代子孙不负祖望，积极进取，在各自岗位上发挥着聪明才智，颇有作为，为国效力，光宗耀祖。

透埕王氏

王祖德

　　贯岭透埕村位于桐山溪上游乌溪侧，溪底溪与何坑溪汇合于此。四周群山环抱，村中居住着由桐山西园迁徙而来的王氏家族。王姓居住地后山形如凤凰下洋，左右对峙，如龙盘虎踞。两溪汇合穿村而过，在东南处与水北溪汇合，溪流平缓，清澈澄碧。因双溪汇合，此处形成砂石相混的大溪滩。西岸树木葳蕤，秋日红枫满滩，景色秀美无比，有福鼎市区"后花园"美誉。

　　透埕王氏在历史上曾建有西峰庵、万松庵、南峰寺、幽隐庵、云静庵、五蒲亭等，今仅存西峰庵和五蒲亭，其余皆废，只留遗址。

　　西峰庵，今改名"西峰寺"。该寺始建于北宋大观元年（1107），距今已有917年。该寺分别于明弘治十三年（1500）、清初、清同治十二年（1873）重修，于2018年扩建。透埕王氏为该寺施舍地基、茶园、山场等。

　　王不奢，号善辉，为赤岸第三世王如一次子，官授江西、贵州主簿，后升台省提刑。王不奢生于唐大历九年（774），卒于唐大和六年（832），享寿59岁，娶刘氏，于唐贞元十五年（799）由赤岸徙居福鼎桐山西园（今西门），为西园王氏始祖，已历44世，繁衍后裔约11150人。

　　王不奢七世孙王小荣迁居透埕，另有部分迁居高滩、店下、霞浦、矾山等地，后裔总人口约1290人，其中聚居透埕本村的有800多人。小荣字行华，生后唐清泰元年（934）十月，卒北宋至道元年（995）三月。小荣为明经擢进士，官授浙江严州知府。于后周显德三年（956）由福鼎桐山西园迁居透埕，时年23岁，为透埕王氏始祖，繁衍子孙1290人。

　　王不奢派下西园王氏至透埕王氏，历代子孙谨记祖训，贤达辈出，多有建树。现列举几个代表性人物。

　　王洪远（826—897）　　字魁元，号仙源，唐太学生，生于唐宝历二年（826），卒乾宁四年（897），享寿72岁。王洪远为人崇节守义，博学好礼。家业盛，被称为乡里彦士，共为福鼎地区捐资造桥36座，其事迹载入州志。现因公路开发，除桐山石湖桥尚存外，其余均不复存。娶徐氏，生六子，墓在透埕后垅。

王文英（869—959）　　为洪远公三子，字太玉，唐明经擢进士及第，官授江西广信府贵溪县令，再任御史，又任广信知府，后周显德元年（954）加赠工部尚书。王文英因厌恶当时的混乱局面，且年事已高，遂辞职返乡，与故旧宗亲相往来，每日琴书谈笑、喜游美景，安度晚年。文英生唐咸通十年（869），卒后周显德六年（959），享寿90岁。原配夫人何氏，次配夫人梁氏，生七子。墓在桐山水北溪后湾。

王仁宰（1085—1154）　　字廓用，为南宋绍兴七年（1137）丁巳科进士，不愿为官，乐于赋诗饮酒，施舍济贫，颇受乡邻敬仰。

王信友（1196—1261）　　字彦诚，官授长史官（七品）。

王显通（1297—1364）　　字延圣，体魄魁梧且颖敏，胸怀兵家韬略，少时专心学剑习枪，青年投戎从军，官授骠骑将军（二品）。值辽夷犯境，奉旨领兵征讨，因寡不敌众，阵亡于荒漠寨外，为国捐躯，流芳百世。

王正邦（1744—1806）　　字择丰，号建亭，官授登士郎（六品）。

王绍旺（1798—1866）　　字成兴，号文堂，官授登士郎（六品）。

王世弼（1648—1749）　　字联侯，号右园，享寿102岁，其妻曹氏享寿95岁。清康熙五十六年（1717），时值他七十寿诞，康熙皇帝恩赐给顶戴，并赐匾额"洛社遗风"（洛社是书圣王羲之的出生地）。清嘉庆《福鼎县志》卷六《耆英》载："乾隆十年（1745），知县熊煌呈请建坊，曰'升平人瑞'，赐缎一匹，银十两。"卷七《坊表》载："王联侯百岁坊在县治南关外，乾隆十年建。"百岁坊于嘉庆十五年（1810）七月十七日被台风吹倾，后因修公路被拆除。

王念砂（1919—　）　　字宜矶，号道德，毕业于福建荣军中学。在解放战争中，王念砂作战勇敢，曾立二等功、三等功多次。1950年，王念砂响应"抗美援朝，保家卫国"的伟大号召，参加了中国人民志愿军。1952年，在举世闻名的上甘岭战役中，他同战友为击退敌人一次又一次的进攻，身上多处受伤，左眼被敌人子弹击中，血流满身，昏迷过去。当他醒来的时候，全班只剩下他一个人，眼看敌人快冲到阵地前沿，他赶紧抓起机枪，向敌人猛扫，巩固了阵地。他因在朝鲜战场上舍生忘死，英勇杀敌，被评为一等功臣；转业后，先后担任福鼎商业局局长、民政局局长等职。

贯岭主要姓氏源流

马玉珍

茗洋李氏

李氏先祖自迁居福鼎繁衍至今，有 55 个支系，建有宗祠 18 座、祖厅 5 座，分布在太姥山镇、管阳、贯岭、前岐、佳阳、点头、磻溪、店下、桐城、硖门等地。贯岭李氏族人主要集中分布在分水关村、茗洋村、排头村。

茗洋李明义脉，系泉州安溪县湖头李君达支系李森派下。一世祖李文贵生于安溪湖头，后转南安回龙，生子李明义。明万历三十二年（1604），李明义率五子，迁徙福宁府十九都茗洋柏树内，迄今 409 年，繁衍 19 世，共计 6000 多人。贯岭镇排头（旧称培头）村李氏系李仕享脉，宗祠位于排头村金山头自然村。始迁祖李仕享字旋亮，系李发登派下四世孙，于清康熙五年（1666）由原籍移上平邑石头岭，后再徙卅六都中峰，至康熙十七年（1678）携眷（朝树）转迁培头金山头，遂定厥居焉。同时有进庭公派下四世李仕恩迁居培头宫尾，五世李朝荣、李朝选于康熙二十六年（1687）迁徙老鸦潭，后转居溪底六斗坑。六世李志高、李志星二公于乾隆癸亥年（1743）移来培头三斗聚集燕居，繁衍千余人。贯岭镇汪洋李忌，原籍泉州府安溪湖头，于清顺治年间居平邑五岱山，后在康熙三十一年（1692）由五岱迁居鼎邑十九都，至今繁衍 1300 余人。

贯岭林氏

林姓最早迁入福鼎的一支是磻溪林氏，于北宋太平兴国三年（978）迁入，迄今已越千年。其后，或迁入或繁衍，渐成福鼎一大族群，遍布全市各地。分布在贯岭镇的主要有贯岭村垅后林氏、西山村林氏等。《林氏宗谱》载，垅后林氏源出西河郡，比干、林坚派下入闽，始祖为林禄第三子，五马派林畅之后裔，在闽本支一世林性，生子有三：天房常春、地房常泰、人房常清。林常春字汝初，祖籍德化梓溪，于宋淳祐辛丑授四品后卜居安溪新康里大帽山，至李万春又从安溪赤岭迁徙鼎邑二十九都（灵溪）围墩。李万春系李文养派下李达之次子，在闽生子一，名李九峰，早年因避明末之乱，于明万历三十五年（1607）携家眷迁徙浙之鼎平阜殷五灵山（今苍南围墩），为第一世始迁祖，万春晚年复返故里（生卒配氏俱失考）。李九峰居守围墩为第二世肇基始祖，原配黄氏，次配唐氏，生男二：长子名振英，次子名和英。垅后（第一世）李士隆自围墩迁徙贯岭大路头，生男一，名永玉，后迁居垅后三山岔竹脚，生男四：长子名世良，次子名世春，三子名世富，幼子名世让；乾隆三十八年（1773）秋末，因竹脚老宅遭火灾再次迁移垅后枫树脚下厝。九峰派下迁居鼎邑十八都住贯岭垅后自李士隆起繁衍至今已 12 世，迄今时历 302 年，有人口约 300 人。

分关赖氏

据分水关村《赖氏族谱》记载："溯吾始祖自汀州府汤湖乡胜运里，赖朝美公为宋朝第一世祖，二世祖明佐廿九郎公，三世祖显佑公、显益公、显吉公兄弟，分为三房，人丁近万，世登科甲，衣冠济济。"

透埕郭氏

据透埕村《郭氏宗谱》记载："郭氏宗祖起于山西太原，传自十六承士公始，于汀州府上杭未有县时，厥号郭邦村者是也，迨至子美公第五子五郎公，复于上杭县大坑建居，至千二郎公徙居下溪奕叶以来，人丁昌盛，斯文蔚起，簪缨济济，俨然盛族之大观也。"

西山蔡氏

西山后岚蔡氏始祖蔡君礼系蔡叔度第八十七世孙，入闽始祖蔡用元第二十七世孙。原祖籍福建省泉州府安溪县，明末年间其祖父李允山由安溪迁至浙江省平阳县北港书阁村，后转迁西山后岚至今，有 300 多年历史，子孙繁衍 15 代，有 1500 多人。

西山后岚蔡氏宗祠，坐落于后岚村，于 2006 年新建，占地面积 3000 多平方米，建筑面积 800 多平方米，坐西向东，砖石木结构，穿斗抬梁式构架，三川顶，琉璃青瓦，燕尾脊，正面 5 开间，石柱嵌楹联。

茗洋洪氏

茗洋村洪氏一世祖均边，原籍浙江青田，明朝年间迁移今泰顺下村洋。八世祖洪德夏于清康熙二十六年（1687）转迁茗洋百树内，十一世祖洪际书又转迁本村下百坑，十二世祖洪兴辗于清道光三年（1823）转迁本村南山岭，十二世祖洪兴泽转迁福鼎镇边，随后小部分再迁温州、三明、太姥山镇、点头。现有人口 1000 人左右。

战坪洋洪氏

据《洪氏宗谱》载：战坪洋洪氏郡望为敦煌郡，洪辉派下第十三世洪森楠南下定居福建泉州龙窟巴碌头（古代沿海地名），十四世洪炳经于明万历年间从福建泉州龙窟巴碌头迁移至浙江平阳塔边后迁移至泰顺引章，由兴遮派下第十六世孟琏长子洪应仁于清顺治辛丑年从泰顺引章迁居至福建福鼎贯岭战坪洋。现有人口 500 余人。

普底洪氏

据《洪氏宗谱》载：普底洪氏为敦煌郡洪氏，洪荣麟派下第十三世洪光登之子洪元致于清康熙年间定居贯岭，繁衍至今有人口 400 余人。

十字路王氏

据《王氏宗谱》载，十字路王氏为太原郡王氏，系王晋第四十九世孙闽王王审知（862—925）第十一子王延政派下。王审知第二十二世孙王先发居崇善里蓬州青溪边（今属安溪），第二十六世王廷源于明朝弘治年间北上，清康熙二十二年（1683）王审知第三十世孙王光斗携妻小迁居福鼎贯岭十字路（现军营村十字路），清光绪年间王审知第三十四世孙王锡礼之子及王锡醮继子王开长、王开浚、王开张三兄弟携幼从军营十字路迁至半岭（贯岭）十字路。大房王开长创办老字号"王宝利"茶叶，茶叶销往省内外，闻名于世王氏三房延续至今，现分居普后、西门等地，共有人口 200 多人，王氏宗祠坐落于苍南韩桥头。

刘下陈氏

据《陈氏宗谱》载，贯岭村刘下（楼下）陈氏为颍川郡陈氏，源于中原固始颍川一带。楼下陈氏第一世祖刘元炽、刘元黾诸兄弟偕父母于清康熙年间北上福鼎县十八都半岭（贯岭）地界。楼下陈氏第一世有七兄弟，伯仲叔兄弟迁居浙江马站桥头，四、五兄弟居贯岭楼下，六、七二人迁居丹峰与乌岩。刘下陈氏现有人口 200 余人。

上店门季氏

据《延陵郡季氏宗谱》载，上店门季氏为周文王后裔曲阜季氏文子公后人，由第八十一世季德宝于清光绪年间于浙江泰顺雅阳迁移至贯岭上店门，现有人口 80 余人。

贯岭梁氏

据《安定梁氏宗谱》载,贯岭梁氏为安定郡梁氏,南港樟浦派系,梁理学五子梁道修(原居北港麻团桃澳)为第一世祖,第八世梁式千长子梁丕座于清乾隆末年携家眷由南港(苍南)樟浦迁至福鼎半岭(贯岭),后有分支迁至福鼎桐山,至今已有240余年,现有人口160多人。

洋头李氏

据《陇西郡李氏宗谱》载,贯岭洋头李氏为陇西郡章峰李氏孟房派下仁房后人,是唐,太祖景皇帝李虎的后裔(李虎,字文彬,陇西成纪人,夫人欧氏,共生八子,名廷伯、真、昞、璋、绘、祎、蔚、亮),李亮在唐室分房中列位第八,封郑孝王。李亮第七世孙李海于大唐开成二年(837)状元及第,被拜为福建观察使。880年黄巢起义,为避反唐杀戮皇室,李海避乱浙江处州龙泉桥下村并改名为邦,次年(881)挈兄弟与家人返闽卜居宁德古田杉洋。后李海第七世孙李文毅于990年迁徙福宁州金峰。因沿海海盗猖獗,为求安宁,李文毅曾孙李燿于1079年从金峰迁居至福鼎章峰,定居在虎头山下水井头,后迁居汀州府上杭县。第二十一世李凤兴长子李其信于清康熙十二年(1673)由汀州府上杭县徙居福宁府福鼎十八都半岭(贯岭)洋头。现居洋头李氏有200多人。

贯岭宗祠和族谱

 黄大渊

　　一个宗族可能发展到枝繁叶茂、瓜瓞绵延，也可能散处四方、星罗棋布。有了家谱详细完备的记录，纵然天涯海角、代远宗长，同宗同族者上可溯其源流，下可一脉相承。贯岭镇族谱一般由谱名、谱序、凡例、家规家训、像赞、世系表、祠堂、坟茔、纂修人名等几个部分构成，完整如茗洋李氏族谱者，还有姓氏源流、世系考、人物传记、恩荣录、名人题词等诸多内容。

　　20世纪80年代以来，福鼎地方社会的经济发展水持续提升，各大姓氏开始恢复往昔的宗族活动，贯岭各乡村出现了续修族谱、修缮或新建祠堂以及祭祀祖先等活动。

编修宗谱

　　贯岭镇的主要宗族大都保持着12年续修一轮宗谱的惯例，有些宗族续修宗谱时间间隔不足10年，也有部分宗族每隔20年甚至更多年才会续修一次。例《陇西郡李氏宗谱》，于清道光二十年（1840）始修，2017年新修，修谱15次，平均每12年续修一次；《太原郡王氏宗谱》于清光绪七年（1881）始修，2011年新修，已修谱14次，平均每9年左右续修一次；《太原郡温氏族谱》，自清嘉庆十六年（1811）温茂甘、温茂雀始修，于2013年新修，至今已修谱11次，平均每36年左右续修一次；《高阳郡许氏宗谱》，自明隆庆六年（1572）朱东光始修，2009年由许明香主编新修，至今已修谱12次，平均每36年左右续修一次。此外，与传统宗谱稍有不同的是，近年来编修的新式宗谱中的纂修、捐资人名都有所变化。其中，与纂修相关的人多是以宗谱编委会或族史编委会的名义统一排列，其职责也多冠以主编、副主编、编委等。

贯岭镇宗谱编修情况统计表（部分）

名称	编修年代	主编	始祖	修谱次数	始修时间	始修人
太原郡温氏族谱	2013 年	李悌瑞	唐叔虞	11 次	清嘉庆十六年（1811）	温茂甘、温茂雀
渤海郡吴氏宗谱	2002 年	吴光斑	明肇基公	4 次	清光绪三十年（1904）	吴锡珍

名称	编修年代	主编	始祖	修谱次数	始修时间	始修人
陈留郡谢氏宗谱	2007 年	陈家曹、陈世茶等	養禎公	1 次	2007 年	陈家曹、陈世茶等
太原郡温氏族谱	2000 年	温端庆	唐叔虞	7 次	清同治六年（1867）	温簪煌、温成毓
颍川郡陈氏宗谱	2008 年	陈延瑶、陈延慨	陈元选	1 次	2008 年	陈延瑶、陈延慨
高阳郡许氏宗谱	2009 年	许明香	许文叔	12 次	明隆庆六年（1572）	朱东光
李氏宗谱	1998 年	李悌瑞等	李君达	5 次	宣统二年（1910）	李世阮等
济阳郡蔡氏宗谱	2005 年	蔡白岩等	蔡学文	2 次	1997 年	蔡白岩等
余氏宗谱	1956 年	余贤闰等	直吾公	3 次	1931 年	余祥永等
荥阳郡关氏宗谱	2010 年	关垂浙等	关德荫	1 次	2010 年	关垂浙等
太原郡王氏宗谱	2011 年	王文长	善辉公	14 次	光绪七年（1881）	王作宾
济南郡林氏宗谱	2000 年	林时松	演公	3 次	1979 年	林敬出
豫章郡	1892 年	罗日纳		3 次	清同治十年（1871）	罗宗昙、罗宗林
罗氏宗谱		罗日兜			清同治十年（1871）	
东海郡徐氏宗谱	2005 年	定魁		8 次	清道光三十年（1850）	徐日仕、徐日和
阙氏宗谱	1896 年		漳州公	4 次	清道光九年（1829）	阙式槐
陇西郡李氏宗谱	2017 年	李盛延等	明义公	15 次	清道光二十年（1840）	
太原郡郭氏宗谱	2008 年	郭如祥等	十六承士公	10 次	清嘉庆九年（1804）	
颍川郡赖氏宗谱	1975 年		朝美公	6 次	清咸丰七年（1857）	夏曾荣
济阳郡丁氏宗谱	2001 年			3 次	孝宗年间	丁文范
河南郡萧氏宗谱	2010 年	萧怀全等		8 次		

宗谱需要不断重修、增修和续修，才能保证宗族历史完整及代系衍传清晰。21 世纪以来，修谱之风在贯岭镇渐成气候，茗洋村、透埕村、分水关村等均有修缮。一般由族中较有威望，且具有一定学识的长者发出"重修宗谱"倡议，族人予以响应。修谱需要成立专门的宗谱理事会，负责搜寻旧谱、募集资金、整理族人资料等事务。重修短则几个月，长则几年。一旦宗谱修缮完毕，合族举行隆重的颁谱典礼，以各种庄重仪式将宗谱"请"回家珍藏，即举行祭谱仪式或圆谱仪式。此种仪式多择良辰吉日在祠堂隆重举行，有时会与祭祖一同进行。仪式过程中宗谱要摆放在祖先面前供其查阅，待敬祖进谱仪式结束后再依次颁谱。

复修宗祠

20 世纪 80 年代以来，伴随着修谱活动，宗祠复修也应运而生。贯岭祠堂的修缮，从族谱记载上可略知一二。贯岭的诸村落中，除了有全族或全村共建的公共祠堂外，还有由每家每户单独修建的祠堂。此类小型祠堂大多在家中与厅堂合一，作为起居、会客等之用的厅堂兼做祠堂，即在住宅主体厅堂的正间供奉祖先牌位以便祭祀。从建筑选址上来说，公共祠堂一般建在村落的中央，以突出其中心地位。排头村李氏祠堂、透埕村王氏祠堂属贯岭镇较具代表性的宗祠，这些公共祠堂基本是由全村全族人共同修建、一起使用。

李氏祠堂　贯岭李氏宗祠主要有茗洋李氏宗祠、分水关村汪洋李氏宗祠和排头村李氏宗祠 3 座宗祠。

茗洋李氏宗祠　位于贯岭镇茗洋村田洋自然村，坐东朝西，有凤凰山逶迤千里自西而来，山环水绕，成大鹏展翅势。该祠于 2009 年农历四月初八动工兴建，历时 18 个月，主殿为 7 开间，有 32 根大柱，包括两回廊，共有建筑面积 600 多平方米，占地面积 4000 多平方米。整体系砖木混凝土结构，歇山式叠层飞檐翘角，脊顶双龙戏珠栩栩如生，屋面琉璃瓦覆盖，祠前有一空旷埕地，视野开阔。宗祠宏伟壮观，气势巍峨。

汪洋李氏宗祠　位于贯岭镇分水关村沃野中，坐西面东，背枕牛栏岗，西眺东岗尖，远山近野，风光秀丽，景色优美。宗祠始建年代不详，因年久失修，破损严重。为弘扬宗祠传统文化，族亲合议于 2004 年对宗祠进行维修并翻新屋面，宗祠面貌焕然一新。

排头（培头）李氏宗祠　位于贯岭镇排头村，占地面积约 20 亩，建筑面积 380 平方米。始建于清光绪十四年（1888）三月，1912 年和 1917 年两次修葺，添置两厢墙垣，翻新栋宇，建立大门。2000 年再修整祠宇，并装饰油彩，整体面貌焕然一新。

林氏宗祠　　贯岭垅后林氏宗祠始建于 2017 年夏末，于农历六月初五辰时破土动工，位于贯岭垅后大俊头岗山脚，占地面积约 1220 平方米，建筑面积 616 平方米，属砖木仿古建筑。

阙氏宗祠　　据族谱记载，福鼎阙氏先祖为明朝邳州郡漳州，又名福缘，系闽西永定阙寿卿派下第六世，后辗转迁居福鼎分水关，部分分支又搬迁至霞浦以及浙江苍南、泰顺等地。明朝阙福缘于 1508 年搬迁至此，上溯已失传，裔孙只好自行造谱排行，延续至今。2003 年春祭祖时，阙昌石先生和部分宗亲积极倡议建宗祠。经一年筹备，宗祠于 2004 年农历三月十八破土动工，是年十二月初三举行宗祠落成典礼，正式启用。宗祠坐落贯岭分水关村莲峰洋，占地面积 750 平方米，祠堂正殿 5 间，中间为大厅，上盘为木质古建筑，前有大门台和左右厢房，下盘为砖混结构，气势恢宏。

世代相传的宗规祖训

✎ 黄大伟

　　宗族在其发展历程中，除需要雄厚的物质财富积累外，还需要"强宗固族"的精神指导，形成良好的家风，保持旺盛的发展潜力。在这一过程中，宗规祖训成为每一位宗族成员都需要谨然恪守的关键。同时，宗归祖训也在教化族人孝敬、和睦、友善、约束等方面有着潜移默化的作用。宗规祖训大都写入宗谱之中，且被供奉于祠堂之内，成为地方乡村社会不成文的约束法典，并在区域社会自治过程中发挥着积极作用。

　　贯岭镇宗谱中的宗规祖训大同小异，其内容多为"睦族人""和亲友""恤孤贫""戒赌博""戒奢侈""戒懒惰""戒淫逸"等，意在对宗族成员的行为、举止做出规范。虽然有些内容已不合时宜，但总体还是向善向好的。以下摘录几份较具代表性的宗规祖训：

排头村李氏宗规十二条

　　一、为人以孝悌忠信为本，不可作忤逆事。倘有人面兽心灭伦乱行者，谱内削其名，不许入祠展墓。

　　二、祖墓山上下左右原系诸房，荫山不许挖掘附葬其祖。山荫木亦不准盗砍，私卖以伤祖坟者，革逐治罪。

　　三、祀产国课务须早完，若值祭抗欠辱及祖宗者，合族攻之。

　　四、祖遗祀产不许私行批扎，亦不准借以己业，毗连强占祖地，其祭祀公租须依次轮流，不准越分背典。

　　五、子孙不许犯奸、为盗、开场聚赌及恃众逞凶，贻害宗族达者，鸣官究治。

　　六、异姓抚子，既为吾后，凡遇丧祭，本宗无服，若要归宗，例无携产分业。倘有恃强，族中人人得而攻之。若有徇私庇护者，一并攻之。

　　七、族中绅衿，上重朝廷，下耀闾里。不许自恃刀笔唆讼、欺压尊长、凌虐卑幼。

　　八、族属虽有亲疏，而以祖宗视之，均同一体。纵有忌嫌，应听族中理处。不许恃强逞凶，以致讼控达者，革逐。

　　九、妇人夫殁，先当抚育子女，料理家计。若有改节者，谱内削其庚甲，并不许携带子女改承他姓。

十、族内无论亲疏，若有家贫而罹患难，死丧须体祖宗之心，共相资助。至于寡妇贫而守节者，益当扶持以成美志。

十一、子孙若有前程及长辈耆老，每逢年节祭祀，须当进前助祭，以显祖宗。

十二、后世修谱须遵旧例，不得曲笔徇私。至有擅改、私增、转抄副本卖与异裔、以伪乱真者，合族攻之。

透埕村王氏宗规八条

一、宗内祖坟山上下左右，不得恃强毁掘、逼近附葬以伤风水。坟山内并居，屋后山留绿竹木，难计株数总，以护荫风水，概不得盗砍私判，违者合族究治。

二、宗内祖遗公管祀产，凡有批佃承种以及召佃更批，务须商诸房分，不得私自给发，抑或有己业与祖业毗连，不得蒙混强占。即祭扫公祖，按序轮收值祭，亦不得占越背收、背课及私自典当，违者合族究治。

三、宗内或有无嗣，以胞兄弟之子继之，如胞兄弟之子实无可继，当以亲房侄继之。若一时又无可继，暂附祖父享祀，以待后日生有亲侄出而继之，倘三者之中俱难，即于族内择立贤能侄辈，万一又难，当必求之同宗。不可以异姓为后例，云异姓不得乱宗，诚以异姓之子，非吾亲一脉所传，对祖告虔之下，其精神终不相属。故朱文公曰：百世之祖，先其精神。岂真有在？在吾子孙之身耳，吾宗支分二十余派，其间岂无贫而多男？可为人后，与其抱养异姓，何若择立同宗。尤见一本所生，现阅诸房谱，从前随母上书抱养螟蛉者不少，本应厘剔，但年代久远，厘剔诚难，兹诸房金议，自此后凡我宗人，如未有嗣者，继无可继，总须向同宗内查求，择立年纪相配、昭穆相当，酌给钱文以与生父母。不得借口，仍再将随母上书抱养螟蛉以为子，违者不惟不许登祠入谱，不许预轮祭扫公堂，合族尤须逐。

四、宗内有已分兄弟，家计参差，或有先人未经造葬有力者，宜肩为己责，不摊派。无力者，兄弟互生观望，致令年久不能归土。违者合族切责。

五、宗内须以孝悌忠信为本，不可欺侮尊长，凌虐卑幼。有生业各宜勤力，不可怠荒，有绅衿尤宜自重，不可依藉设生事故，不明介在，争端应遵族人理处，不得逞凶涉讼，万一有处境艰难，不可流为窃盗及窝家，凡此条内违者，合族究治。

六、宗内不得将女卖人为妾，不得将女招赘半绍入，不可寡妇赘异姓，更不可兄终弟顶，乱嫂叔为夫妇，违者本族自理。

七、宗内或有朴诚忠厚之人，突罹不测之灾，穷乏无措，或有旧志功名，盘川无资，以及孀寡之妇，刻志守贞，衣食难供，宗内人当出而捐助之，以全志节，俾斯后人知所观感旧勉，不得坐视其困。

八、宗内修辑谱牒，几费财用，几费精神，收藏之家必须岁时检阅无致霉烂。蠹朽内者，合族追出，另择贤能珍藏，万一有贪私后舞弊，将谱典当埋没者，合族究治。

茗洋村李氏祖训十则

一、孝父母：人子之身，本乎父母。未离怀抱，三年劳苦。恩斯勤斯，惟恃惟怙。孝道有亏，百行难补。乌鸟反哺，羔羊跪乳。勉尔后生，忤逆何取。

二、和兄弟：孔怀兄弟，一本所生。手足至谊，羽翼深情。兄当爱弟，弟应敬兄。埙篪并奏，和乐有声，姜家大被，田氏紫荆。勉尔后生，小忿无争。

三、别夫妇：男女居室，人之大伦。附远厚别，礼经所申。夫妇守义，父子相亲。无别无义，走兽为邻。举案齐眉，相敬如宾，勉尔后生，倡随有真。

四、序长幼：乡党聚处，义在和平。年长以倍，父事非轻。十年以长，兄事有情。饮食相让，言语必诚。坐立居下，步履徐行。勉尔后生，切戒骄盈。

五、睦宗族：譬诸水木，宗族宜敦。千枝葛派，一本同源。何远何近，谁卑谁尊？相亲相睦，推德推恩。公毅九世，江州义门，勉尔后生，古风堪存。

六、严内外：凡为官室，内外必辨。男不内入，女不外践。深宫闺门，肃严非浅。授受不亲，乞假胥免。敬姜守礼，践阈色鲜。勉尔后生，避嫌为善。

七、训子孙：子行不善，父教不先。放僻邪侈，起于英年。严禁非为，子孙乃贤。诗书礼义，孝梯立田。少成若性，习久自然。愿我后裔，毋稍忽焉。

八、勤职业：天生四民，业各有常。士谋道义，农望收藏。作为在工，贸易惟商。心安国守，力勤精详，立身有本，处世亦良。勉尔后生，毋怠毋荒。

九、明义利：天地之间，物各有主。非吾所有，一毫莫取。见利思义，圣贤训诂。盗拓贪污，伯夷清苦。豪富一时，廉名千古。勉尔后生，净淘肝腑。

十、慎官守：幸登士籍，须警宫箴。清慎与勤，三字思沈。勤谨和缓，四言意深。致君在身，泽民惟心。孟尝环珠，杨震却金。勉尔后生，贪墨谁钦。

西山张氏宗规三则

一、孝顺父母，尊敬长辈，和睦乡里，教训子孙，安分职守，勿作非为。以上道理，莫分贤愚，圣世良民，着实遵行，族长督率，共成美俗。

二、太平时日，完成赋役，力戒争讼，家庭有幸，事关重大，凭时问官，莫加捏造，诬陷害人，惹是生非，孽悝畜类，事宜化解，君子行为。

三、百行之本，忍让为先，官吏能忍，司职慎重，夫妻能忍，白头到老，兄弟以忍，手足温情，凡事能忍，恪守本分，消却灾祸，家道昌隆。

西山张氏祖训十条

一、尊祖宗：昭昭祖武，木本水源，创垂摩挚，功德常存，千秋一脉，万叶同根，凡尔子孙，宜敬宜尊。

二、孝父母：人生天地，父母至亲，三年怀抱，十月艰辛，鞠育恩大，怙恃情深，愿我后裔，老道是遵。

三、和兄弟：孔怀兄弟，同气连枝，谊关手足，奏叶壎篪，姜家宜效，田氏当师，维尔孙子，角弓戒之。

四、和夫妇：居室夫妇，同穴同襟，鹿车共挽，鸿案相钦，同盟山海，永调琴瑟，内外和顺，二南当吟。

五、序长幼：乡党长幼，大义需明，父事兄事，随行徐行，谦恭退让，温厚和平，入孝出悌，勿忤勿争。

六、睦宗族：凡为宗族，恩爱宜敦，少需敬长，卑莫犯尊，十世同爨，九代同门，凡属一本，古道勿谖。

七、正心地：心为身主，惟危惟微，众理必具，万事是依，宜葆固有，弗贡非几，存诚去伪，贤圣可希。

八、谨言语：人心之动，因言以宣，兴戒在口，出好亦然，慎而出话，凛若防川，隐恶扬善，子孙勉旃。

九、端品行：制行立品，务要咸宜，一朝失足，千载贻讥，仁义为友，道德为师，不愧不怍，作圣之基。

十、戒淫慝：凡诸恶孽，首重在淫，恋情一炽，滋祸弥深，踰墙非训，丧节谁钦，愿尔后生，痕痛戒此心。

贯岭宗族族田

黄大渊

　　族田别称义庄、义田、祠田、寺田、墓田、祭田、学田、公会田等，田地的出产用来资助宗族中的公益活动。相传，最早的族田与北宋名臣范仲淹有关，他于北宋皇祐元年（1049）在苏州长洲、吴县等地买下百亩土地，将田地所得作为族人的衣食或婚丧嫁娶费用。此后，其他各地仿照范仲淹设立族田，明清更甚。

　　纵观贯岭镇地方宗族，历史上大都有集体性质的族田，用以开展各类公共活动，这在各姓氏历世编修的宗谱中都有记载。

　　族田的界定非常重要。旧时族田的四至范围都会明确说明，并于宗谱注明。一方面，族田是宗族地方实力的体现，逐渐发展壮大的地方宗族会不断购买更多族田；另一方面，将族田写入宗谱之中可明确界限及所有权，避免族人及其他姓氏对于族田财产的侵占，如排头村李氏宗规中记载："祖遗祀产不许私行批扎，亦不准借以己业，毗连强占祖地。"此外，族田一般由本族族众轮流耕种，或保留本族族众优先租种的权利。

人物春秋

南峰寨寨主王秀英

🌱 王祖德

　　透埕南面南峰山留有明朝古山寨遗迹。传南峰寨寨主为女性，是透埕王氏族人，名秀英，武艺高强。她以寨为据点，劫富济贫，富豪们深以为惧，遂向朝廷请兵。兵至攻寨，攻至半山腰，不料山上滚石、火炮齐下，官兵被打得落花流水，只好退至乌溪岭头。乌溪岭头与南峰山的高度相差无几，两山隔乌溪对峙，其溪为山寨供水之源。领兵将军苦苦思忖，南峰山陡峭险峻，易守难攻，但山上人多必缺水，于是下令兵扎山下乌溪，欲断绝山寨水源困死山寨。而山寨主王秀英不愧为女中豪杰，足智多谋，下令喽啰用尿浸湿衣服，晾晒山上。领兵将军见状大惊，以为山寨既然有水洗衣服，必不缺水，用断水计乃徒劳之举。攻又攻不上，困又困不死，何以平夷山寨？堂堂将军，却平不了一个小小的山寨，有何面目回朝复命，于是投潭自尽。因此，后人称此潭为将军潭。这位朝廷派来的将军究竟姓甚名谁，王秀英和山寨的最后结局究竟如何，均无从查考。

南峰寨遗址（贯岭镇政府 供图）

李桂玉略传

～李爱民

　　李桂玉，原名李留斌，清光绪二十一年（1895）十二月生，贯岭镇分水关汪洋自然村面前岗人，中共党员。1931年，李桂玉到苍南矾山矿区务工，他为人正直有文化，经常帮矿上工人代写家书，也为矿上工人争取一些应有的权益。李桂玉在矿上的雇主是一对夫妻，他们真正的身份是中共地下党员。在他们的引导下，李桂玉于1935年秋加入中国共产党，同年11月受上东区委调派，其随中国工农红军闽东独立团到闽浙边区开辟革命根据地。中共鼎泰区成立时，他任鼎泰区区委委员。1936年6月，任鼎泰县西北区区委书记。

　　李桂玉参加革命后，经常和革命同志回到汪洋村开展地下革命活动，向村民宣讲革命道理，秘密发展地下党员和地下交通员。在革命最艰难时期，他冒着生命危险，发动革命群众，以灵活机动的斗争方式，挖凿红军洞，破坏敌人的军事设施，一次次

李桂玉革命烈士证明书（李爱民 供图）

掩护革命同志安全脱险、转危为安。1937年正月十四，李桂玉在汪洋村执行任务时，由于叛徒告密，遭当时国民党80师驻茗洋及分水关炮楼士兵的包围。据村中老人回忆，当天中午，汪洋村李孝眉的姑姑（嫁到分关敌炮楼附近）得到消息，即让年幼的儿子和侄子到汪洋村报信，但两个孩子赶到汪洋村面前岗时敌人已经包围了面前岗。在危险关头，李桂玉把来不及躲避的两个女地下党同志藏在邻居猪圈草垛里。为了吸引敌人的注意力，李桂玉一边急速沿着坡下开阔地朝水尾村方向跑去，一边向敌人开枪，毙敌一人。因寡不敌众，李桂玉腿部中弹，惨遭杀害。1956年，中华人民共和国民政部授予李桂玉革命烈士荣誉称号。

组织村民破坏电线杆、张贴革命标语

战争时期，敌人每占领一地，即构筑碉堡、派兵驻守，用步步为营、层层缩小包围圈的办法来"围剿"根据地。1936年春，红军和游击队以切断闽浙两省敌军通信联络的办法反击敌人的"围剿"。茗洋党支部将任务下达给分水关汪洋村后，李桂玉组织了汪洋村李孝慈、李流资等40多名男女村民，一夜间将福鼎城外至浙江桥墩之间20多千米的电线杆悉数砍断，连同电线一起藏在水塘底、埋在深山中，致使敌人短时间内通信瘫痪。

汪洋村地下党员和交通员经常利用夜间到鼎泰周边张贴革命标语，揭露国民党的黑暗统治，宣传革命思想，常常搞得国民党反动派寝食难安。

组织村民挖凿红军洞

国民党的残酷统治，激起了革命群众心中的愤慨。那时，汪洋村30多户人家，无论是青壮年还是妇女儿童，只要有需要，都会自觉参与革命活动，保护地下革命同志。为了让革命同志和伤病员有个隐蔽的临时藏身之所，1936年，李桂玉回村动员侄子李孝慈（地下交通员），召集村中李流对、李流显、李流闯等进步青壮年，在汪洋村一个叫站坑的山洞处，利用多个夜晚秘密挖凿出一个可容6—8人藏身的山洞，洞口直径约1米、长宽约2米、高约1米，洞内为四方形，并在正对洞口的墙面中间挖了一个小壁龛（可放置煤油灯）。洞壁坚实，洞内放置床板、油灯等生活起居和工作用具。洞口临涧而设、草木丛生，极为隐蔽，便于革命同志躲避敌人的"围剿"。龙跃、郑丹甫、陈辉、陈德胜、王志方（当地人称"王二妞"）、王烈评和温德奎等同志都曾在该洞藏身。为了便于联络，地下党内部将该洞暗号定为"岩山"，后来村民们就把这个掩护过革命同志的山洞称为"红军洞"。

据村里老人回忆，有一年深秋的一个清晨，郑丹甫、陈德胜等同志正在洞口附近

李桂玉妻子做红军鞋的工具（李爱民 供图）

活动，遇十几个国民党士兵从茗洋村往汪洋村方向巡查，被在附近割地瓜藤的李流足母亲付老太太看到。老人急中生智，大声跟带队的国民党士兵打招呼，故作热情地请他们到家中喝水，从而传递了危险信息，使得郑丹甫他们及时避入洞中。还有一次，国民党一队人马到汪洋村搜查，正巧地下党同志也准备前往汪洋村，走在前面的地下党员温德奎得到村民密报，马上暗示大家撤到洞中，成功地躲避了敌人的搜查。当时有一位被同志们称为"王书记家属"（应是任曼君）的女地下党，因脚扭伤，还曾在"红军洞"中疗养过一小段时间。少年李孝畦（李孝慈胞弟、李桂玉嗣子）和母亲李章氏经常装作在附近自家地里干农活，给她送药、饭和茶水。有一次李孝畦给"王书记家属"和另一位照顾她的女同志送饭，快到洞口时摔了一跤，把碗给摔破了，因为家里再也拿不出吃的东西了，他只好哭着将剩下的食物用衣服裹好送到洞里。在革命最艰苦的三年游击战争到新中国成立的十多年的时间里，站坑"红军洞"一直没有被国民党发现，可见当时汪洋村军民一心，为保护地下党组织做出了很大的贡献。

李海略传

◇ 方 东

李海，字振东，1902年出生于贯岭乡茗洋村的一个农民家庭。1938年，他参加共产党地下革命工作，以县副参议长职务为掩蔽，秘密从事活动，与国民党周旋11年之久。中华人民共和国成立后，历任县税捐稽征处处长、县政协驻会副主席、县人民政府委员、省五届人大代表等职。1987年12月1日病逝，终年86岁。家属按照其遗愿举行火化，首开福鼎县领导干部火葬先例，为移风易俗带了好头。县委和县政协为其举办隆重的追悼大会，县委副书记、政协主席杨守晃致悼词。

李海像

青少年求学时代的艰辛

李海世居茗洋庄前，曾祖父李楷，贫无立锥之地，生其伯祖李锡钳、李锡杖及祖父李锡论，家口日繁，生计维艰，因迁居村东牛皮田，结茅居住，开荒种田。李锡论娶妻夏氏，不育早亡，继配董氏带来前夫子，改从李姓，取名仪孔，是为李海生父。李仪孔勤俭操持，薄有积蓄，堂伯们心存觊觎，指李仪孔为螟蛉之子，不应享有李姓产业，邀约族长乡亲，威胁李仪孔让产。李仪孔为人懦弱，不知所措，李海母吴氏据理力争，虽免遭驱逐，但以建筑祖坟为名，被勒去银圆120元，田地5斗，始获平息。由是吴氏立志送子求学，以求不受欺凌。李海7岁入塾，旋即中辍，在家牧牛，11岁起续读私塾，15岁后随塾师林拔等辗转就学于浙江泰顺、平阳等处。21岁时，塾师受聘桥墩执教，李海要求前往县城入学，母以家贫无钱且无劳力，未充所求，幸得族兄李仲实大力劝说，始蒙首肯。他初到桐城第三高小报考时，校方以其年龄太大拒不接受，后第一高小校长林鹤樵允其入学，李海感恩知遇，努力完成学业，于1924年秋毕业回乡，但不久因卷入南北派斗争学潮，遭到县知事吴涛开除。两年苦学，文凭落空，李海深觉愧见父母乡亲，遂滞留县城就食于校长、同学之家，几达半年。1925年1月，他偶见福州农林中学招生广告，云可以同等学力报考，乃商请农会介绍，又乞求其母典质耕地，凑集20元学费，偕同潘菊农赴省应试入学，修完一年半课程，取得初中毕业资格。时农校要求预科生，必须升高中续学，否则只发修业证书，不给毕业文凭。李在榕求学时，省吃俭用，每学期所费只三四十元，仅为常人之半，家里已无力供应，续读三年高中，谈何容易。后来他找到福州二中校长林逢时，请求插班初三。林为共产党人，同情穷苦学生，略经面试，立即批准入学。谁知因宁汉分裂，国民党大捕共产党人，学校瘫痪，新校长到任后，宣布凡属林逢时招收进来的学生，一个不留，李海只好转到私立福州中学。到四月初，农校解散后的学生全部被移交至福一高，李海轮番请假，兼读两校，既参加了初中毕业考试，又同时修读高中课程，终于在取得初中文凭后的第二年毕业于福州第一高中。在艰难的年月里，李海饱经艰辛，练就坚强性格，在校期间他参加各种爱国运动，接受了地下党的教育熏陶，觉悟不断提高，思想渐趋成熟。

向往光明，投身革命

1929年秋，李海从省城归来，两度应聘沙江小学教职，与老同学郑丹甫共事，过从甚密，获益良多。此后还任闽侯二区区员，又在福建省行政人员训练团禁烟班受训，被委派为闽侯县政府禁烟科员。不久，闽侯县辖琯头镇至逢仙桥一带组建船舶大队，运石填塞五虎门港口，李海参加了这一工作。后厦门、福州相继沦陷，李海不得不返回家乡，在县政府会计室谋一出纳小职，养活家口，前妻离异后改嫁。1938年，李海和姚崇黄结婚，婚后不久，郑丹甫在南门高姓家中派交通员通知李海晤面，鼓励李为党工作，李海欣然接受。不久，陈伯恭来桐，与李海晤谈数次后，决定吸收李海加入地下党组织，乃由陈伯恭、郑干人介绍李和其妻姚崇黄入党，李化名表扬，姚化名放颖，在中共桐城支部书记郑干人领导下，以国民党公务员的公开身份，从事地下活动。不久陈伯恭在平阳牺牲，郑干人又因叛徒出卖被捕，李海与党失去联系，忧心如焚，但仍暗中为革命工作出力。特别是林辉山同志于1945年来鼎时，因无通行证被国民党政府拘留，关押杨府爷宫，幸未暴露身份，陈辉从北港赶来营救，通过李海伪称林辉山系宏源茶庄店伙计，获取保释得放。1946年，李海回茗洋省亲，与郑衍宗取得联系，终于和党组织接上头。郑衍宗授意李海竞选参议长以掩护革命，经过竞选，李海成功获得副议长席位，大大方便和支持了党的各项工作。解放战争期间，李海以生命财产作保，先后营救出交通员洪仕月、进步学生王祖丹等党员和革命群众数十人，为革命事业做出了重大贡献。与此同时，他还利用职务之便，接待了蔡爱凤带来的陈碧如和林永忠等革命同志，提供了有价值的军政要情。通过各种秘密渠道，李海经常给党组织递送各种情报，他在福鼎师范学校任教时，对该校进步师生暗地里给予鼓励支持和帮助，曾因此受到林德铭的百般恐吓。

致力新政，忠贞不懈

1947年1月，解放大军南下。浙南游击队特派李慕兰送来一纸招降书，交给李海转致当时在福鼎担任国民党县长的丁梅薰。李海冒着生命危险，深夜走访，劝丁审时度势，发动起义，以求兵不血刃。丁因搞过20多年国民党党务，在忠党、爱民两种思想的斗争中徘徊犹豫，又无法控制军方力量，彷徨无计，最终一走了之。李海未能完成使命，深感遗憾。不久，福鼎解放，县人民政府筹备委员会成立，任命李海为税捐稽征处处长。李海深知新政建立伊始，税收为保障供给的重要手段，便大胆起用国民政府留下来的较好的税务人才，沿袭旧税目，调整征免范围，很快使税务走上轨道，有力地保证了地方供给。半年后，李海调任茶厂，负责制成品出口装运。一次茶厂船只触礁，大批包装急用的牛皮纸落海，李海跑遍平阳沿海的敖江、江山、山北、麻埠、占家埠、北港水头、鹤溪等地，查找和说服群众，追回了失物，解决了当时物资奇缺、包装急需的问题。1950年，李海当选首届县人民代表会议代表，此后历任多届人大代表。1953年当选县人民政府委员。1956年8月，县政协成立，李海出任驻会副主席。1979年，李海当选省人大代表。中华人民共和国成立后的20年里，他为土地改革、抗美援朝、统一战线等工作均做出一定贡献。

功成德立，善始善终

李海一生勤俭，衣着简朴，自求学年代至步入仕途，从未改变劳动人民本色。他在田粮处任职时，处内贪污成风，独其洁身自爱，临财绝不苟取。他两袖清风，急公好义，刚直不阿，对农民，怀有深厚感情，为革命事业勇往直前，义无反顾，在1950年前曾长期隐蔽从事革命事业。他平易近人，襟怀坦荡，深得里人爱戴，86岁仍还扶杖参加各种会议，接受采访、咨询，参与地方政事。1987年12月1日，因中风抢救无效，李海不幸去世，县党政领导同声惋惜，生前好友及老区人民尤其怀念。

（本文摘编自《福鼎文史资料》第7辑）

百岁老人陈抱弟

○ 许 峰

百岁老人陈抱弟，贯岭镇透埕村百井垱自然村人，生于 1906 年，卒于 2013 年，享年 108 岁。

陈抱弟一生育有 5 个子女，丈夫先于她 30 多年去世。她非常勤劳，一辈子不辍劳作，知晓她生活的人介绍，劳动神奇地拉长了她生命的长度。她为人朴实，淡泊名利，安于生活，一辈子粗茶淡饭，无欲无求，在平平淡淡的生活中时刻享受着劳动的欢乐，虽子孙满堂，仍坚持劳作，直至生命的尽头。百岁后，她因长寿声名鹊起，许多探究长寿秘诀的人都争相访问她，但从她口中所了解到的长寿秘诀却令人咋舌：劳作之余爱喝上几口老烧酒。但可以肯定的是劳动是她长寿的主要因素，她诠释了生命在于运动的真谛。

女英雄金维娇

金维娇，女，贯岭乡牛角垅村人。1913 年生于穷苦农家，6 岁起为家里打草喂猪，7 岁时由父亲作主，与高滩村的蔡宗竹定下"娃娃亲"。17 岁时嫁到蔡家，过着清贫的生活。

1935 年，中共瑞平泰中心县委书记郑丹甫、福鼎县委书记林辉山等在高滩村秘密进行抗租抗债和"打土豪、分田地，建立苏维埃"等革命活动。金维娇与蔡宗竹积极参与，并秘密加入农会。金维娇后任地下党义务交通员，与其夫共同担负起送信联络重任，机智地奔走在秘密交通线上。

1936 年初夏，红军在高滩村附近的南峰山、青山岭迂回作战，频频告捷，金维娇遵照中共组织的部署，动员乡亲筹粮筹款，赶制军衣、草鞋，支援前方部队。6 月，金维娇任村人民革命委员会妇女委员，随即带领全村妇女参加轰轰烈烈的反青苗斗争。1937 年 6 月，浙南人民革命委员会妇女部长蔡爱风与通讯员池方喜来到高滩，金维娇与她们密切配合，暗中往返于坪园、溪底等十几个村庄宣传革命，建立妇女小组，组织群众进行地下秘密活动。不久，金维娇经蔡爱风介绍，加入中国共产党。

高滩村红色政权的建立和游击战争的开展，很快引起国民党的恐慌。1937 年 10 月 12 日，国民党福鼎县保安四团出动一连兵力洗劫高滩村。这天深夜，村头传来一阵阵犬吠声，金维娇边推醒蔡爱风，边抱起一捆标语从后门闪出，塞到牛栏边草堆里。机灵的池方喜发现保安团已进村，即潜入西峰山。金维娇将来不及转移的蔡爱风藏到二楼的神龛里，下楼时被四五个保安团士兵抓住。连长举枪对准她，逼她说出标语来历及村里的共产党员，她斩钉截铁地回答："不知道！"连长气急败坏，下令将她押走。金维娇忍痛看了看两个正在啼哭的女儿，俯身背起 2 岁的小女儿，撑着 7 个月的身孕，与同时被捕的蔡宗竹、蔡宗木、蔡宗梅三兄弟及 50 多个村民一起被押往县城。

13 日，金维娇被五花大绑押至审讯厅。保安团长以全家团圆、赏以重金为诱饵，胁迫她说出当地中共领导人。金维娇不仅不回答，还啐他一口唾沫，保安团长随即暴跳如雷，下令动刑。一群打手将金维娇拖下去，她被摧残得几次昏死过去，但仍坚不吐实。

　　15 日，保安团将金维娇、蔡宗竹、蔡宗木等 56 人押至福鼎城关南校场。场内岗哨林立，人声鼎沸。保安团长随即宣布处死金维娇、蔡宗竹、蔡宗木 3 人。临刑前金维娇吻了吻怀里的小女儿，将她托付给乡亲。刑台上，一名军官走到浑身血污的蔡宗竹面前说："蔡宗竹，只要你从实招来，马上就饶了你全家！"蔡宗竹嗤之以鼻，高声说："我们共产党人活着干革命，死了不后悔！"只听两声枪响，蔡宗竹、蔡宗木倒在血泊中。面对敌人的暴行，金维娇始终怒目以对、宁死不屈，牺牲时年仅 27 岁。

　　　　　　　　　　　　（本文摘编自 1995 年版《福鼎县志》，题目为编者所加）

革命烈士杨雅欣

    ◎李赛春

一

杨雅欣，又名昌维，1915年7月16日出生于贯岭茗洋半岭头村。其父杨仁银以农为生，租种地主数亩贫瘠山田供养家中7口。杨家家道虽贫，但穷且益坚，作为长子的杨雅欣，自幼被父母送进学堂读书。杨雅欣酷爱阅读古代英雄精忠报国的故事，常绘声绘色地向家人复述，对恶霸地主欺凌百姓、作威作福的行径尤为痛恨。

1932年，杨雅欣辍学务农。翌年，杨雅欣随父去福州当筑路民工。时值国民党十九路军发动"闽变"，福州抗日反蒋浪潮日益高涨，杨家父子的思想受到了巨大震动。眼前的一切使杨雅欣产生了强烈的求知欲，他寻根究底，找来进步书刊认真阅读，从中受到启迪。"闽变"失败后，时局动荡，父子俩无处谋生，只好踏上归乡的路程。

是时，强烈的革命风暴席卷福鼎。1934年4月，中共闽东临时特委筹建鼎平县委。嗣后，下东区委按照上级部署，派遣地下党干部王老五利用表亲关系，到杨雅欣家进行秘密联络活动。他以补鞋挣钱为掩护，辗转于茗洋牛栏岗附近及鼎泰边边境，向村民宣传道理，介绍革命形势。渐渐地，杨雅欣与家人时常配合王老五，往返于五岱、柘坑下、前岐、占脚、文洋、黄仁等地，送信联络。

1934年秋后，收回的粮食还未晒干，恶霸就带领手下前来催逼，在大岗头几户佃农家行凶作恶。在山里劳动的杨雅欣闻讯怒火中烧，与山边砍柴的村民迅速组织了几十人，手持扁担、锄头和棍棒，愤怒地冲进村里，把这伙恶棍团团围住。恶霸们见势不妙，在一片怒吼声中仓皇逃跑。杨雅欣等奋起直追，直至这伙吸人血、披人皮的恶魔哭喊着滚至楼下岭头才收兵。聚众抗暴的胜利，让杨雅欣看到了团结斗争的伟大力量。

二

1935年11月，闽东特委派遣闽东独立师第三纵队和红五团，进入鼎、平、泰三县交界开辟闽浙边根据地，并在茗洋牛栏岗成立了以郑丹甫为书记的中共鼎泰区委。

1936年春，杨雅欣加入鼎泰区王志方游击队并任文书。在杀捐棍、抓敌探、打土豪、筹粮款的战斗中，他机智果敢，善于制造声势迷惑敌人。在声援群众"五抗"的活动中，他充分发挥特长，运用讲故事等形式，搞好宣传鼓动工作，激发群众的斗争热情。他在郑丹甫、邓质玉、陈德胜等人的引导下，很快成长，并担任鼎泰团区委书记，光荣地加入中国共产党，从一个单纯激进的革命青年逐渐成长为自觉的革命战士。

1936年6月，中共泰顺县委成立。不久，杨雅欣任泰东北区委书记，与县委书记周钦明等人一起，深入飞云江上游的广阔区域，联络贫苦农民，宣传革命道理。与此同时，杨雅欣等人紧抓建党工作，先后建立起钧山、塘山、龙斗等基层党支部，领导泰东北人民革命斗争。

1937年春，闽浙边大地笼罩着浓重的血腥云雾，国民党纠集反动势力，烧杀抢掠，利用叛徒破坏我党各级组织。4月4日，杨雅欣与县委书记周钦明、组织部长谢庆城、共青团县委书记李永生等6人到达泰东北岩上的南山头村。晚饭后，他奉周钦明的指示外出执行侦察任务。而留在村中的周钦明等人因房东出卖，遭到东湾坑驻敌的包围袭击。赤手空拳的杨雅欣机智地摆脱敌人的追击，最终回到瑞平泰中心县委所在地，与郑丹甫等人一起开展艰苦卓绝的反"围剿"斗争。

1937年四五月间，闽浙边临时省委机关保卫队在泰顺山澳遇敌"围剿"，邓福坦等人与组织失去联系。杨雅欣受郑丹甫委派四处探寻，终于在泰顺杨梅潭找到了邓福坦等人。随即，他凭借人迹罕至的险要地形，攀崖拨莉，将同志们安全地护送到预定地点。其间，坚持在泰平区斗争的陈辉、余龙贵、蔡爱凤等人经费断绝，处境危急，为了支援战友，杨雅欣冒着风险，与温德奎等人一道送钱送物，全力帮助他们。

三

抗日战争爆发后，闽浙边国共两党和谈成功，斗争形势起了根本变化。同年10月，应闽浙边临时省委通知，杨雅欣随郑丹甫等一起，赴浙江平阳北港与省委会合。接着，他参加了省委举办的"党政干部训练班"学习，认真学习党的建设理论和抗日民族统一战线政策，积极讨论关于利用当前形势开展群众工作等课题。

1938年1月，泰顺县委恢复，杨雅欣被提升为县委书记。此后，他利用形势，带领县委成员做好党的工作，与陈辉等到达泰东北的翁山、横坑、五十五、东湾坑、百丈镇等地开展抗日救亡运动。遇百丈警察所的军警无端阻挠、蛮横查问时，杨雅欣与陈辉等当即以我方合法的公开身份，向国民党军警慷慨陈词，宣传我党的抗日主张，阐明抗日救国大义，动员他们多做爱国爱民好事，维护国共合作。

1938 年 5 月，杨雅欣受组织派遣，与刘先等人赴武汉长江局参加政治学习。在学习中，他对全国抗战初期的形势和党的抗日民族统一战线政策有了更深的了解和领会。回到泰顺根据地后，他满怀激情，继续带领县委成员全力投入恢复发展泰顺党组织、领导抗日救亡等各项工作中去。他们把建党工作与抗日救亡宣传紧密结合，从中培养积极分子、发展党员。

1939 年 2 月，杨雅欣调任浙南特委武工组组长，带领队伍紧随特委机关行动。在平阳赤沙、水万一带开辟抗日游击根据地的工作中，他遵照特委指示，深入驻地群众了解情况，运用党的有关政策，争取、团结一切赞成抗日的进步力量，发动群众支持帮助我党工作，并建立党支部，直属特委领导。这一年，他先后作为浙南特委党代会的正式代表和浙江省党代会的列席代表，分别于 5 月 26 日和 7 月 21 日出席会议。会后，他牢记浙江省委提出的党的七项主要任务，带着崇高的责任感，加倍努力工作。

此后，浙江国民党当局加紧实施"溶共、防共、限共、反共"政策，杨雅欣率领武工组配合各地党组织开展应对活动。1940 年初，他带队到平阳山门的岭降村、孙坑、进士坑等地，依靠党支部逐村召开群众大会，讲解时局，传播抗日军民在全国战场上的胜利消息。同时，告诫乡亲们提高警惕，严防敌人反共破坏，并结合当地情况领导群众开展经济斗争，反对国民党借抗战名义派丁派税，加重盘剥、鱼肉人民。随后，他找来乡长余有三，向他说明我党的严正立场，并指出："谁保护群众利益，为抗日做好事，我们决不会忘记，谁反对革命，就将自取灭亡！"

四

皖南事变之后，形势进一步恶化。1941 年 8 月，杨雅欣奉浙闽边区办事处指示，带鼎平县委宣传部部长朱善醉前往泰顺，加强党的领导工作。当他们到达福鼎宫下龙潭面兰洪潮（地下交通员）家时，恰遇福鼎保安队"清剿"，在突围战斗中，朱善醉不幸中弹牺牲。面对敌人的猖狂进攻和战友的英勇献身，杨雅欣心情极其沉重，他深感斗争的严峻，责任的重大。

1942 年 7 月，杨雅欣赴泰顺黄畲村出席闽浙边区委召开的干部会议。会后，他再度承接泰顺县委书记一职，投入新的战斗。这一年，遭敌摧残较严重的泰东北区得到基本恢复。

1943 年 12 月，为了进一步扩展泰东北的革命斗争局势，边区委拟将泰东北区与泰顺县委分离，另建中共瑞平泰县委，由杨雅欣担任书记，开展保存老区发展新区的斗争。翌年 11 月，赵传斌叛变，浙南局势骤然紧张，杨雅欣等人认真执行上级紧急应变方针，凭借机智勇敢和革命群众的精心掩护，最终化险为夷。

五

转眼间，杨雅欣投身革命已8个年头，他把全部的心血倾注到党的斗争事业中。为了革命利益，他牺牲了无数次与家乡亲人团聚的机会，即使是在听到自己的父亲为保护党的秘密遭敌摧残致死的消息时，也表现得十分坚定、刚强。他鼓励小弟杨义容："只要我们坚持革命，就一定会取得成功。"

杨雅欣注重学习党的方针政策。他有个装满文件、书籍的包，一年到头从不离身，无论是开会宣传，还是行军打仗，只要有空就抓紧学习，同志们婉言劝他注意身体，他总是含笑作答："不学不行，离开上级的指示，我们就什么也干不成了。"

杨雅欣待人谦逊热情，态度温和，尤其是对那些上了年纪的同志特别尊重。在平阳陆井从事地下斗争的老妈妈苏珠莲，饱受封建压迫之苦，一双早年缠裹的小脚给她的行动带来重重困难。杨雅欣常关心、资助她的生活，并特地要求当地党员干部在工作上给予她大力协助。

在繁忙的革命活动中，常用生动风趣的言语与同志们攀谈，即使在启发教育基层工作人员时也是如此。他曾形象地用"尖""卡""斌""傀"4个字，耐心开导文成珊溪交通员刘炳文。他说，"尖"字先"小"后"大"，表示革命力量从小到大，苏维埃的革命就是从小到大，最后获胜的，别以为你只身送信是小事，其实是干翻天覆地的大事业。当交通员要善于同大人与小孩打交道，小孩口中实话多。"卡"字上、下相连，交通工作是为了党的上下级及时互通情报。情报准确与否，关系到举国上下的及时解放。我们党内要像"卡"字那样，上下关联，团结一致，绝不能像国民党那样，上级欺压下级。"斌"字文武同排，意味着革命必须文武相济。有时，我们用文章攻击敌人；而紧要关头，要使出武力，打击敌人，保卫自己。要做到对我文质彬彬，对敌威武不屈。"傀"字人鬼依傍，它告诉我们在斗争中，谨防人鬼不分、人被鬼迷，是人我们要团结，是鬼我们要打倒。

40多年过去，杨雅欣这些意味深长的热切话语，至今还在当地民间流传。

1944年8月，一场意外发生了，杨雅欣在从特委返回驻地的路上，将上级托他转给边区委的一份密件遗失，他也因误会被秘密处决，年仅29岁。中华人民共和国成立后，党组织根据杨雅欣一生不可磨灭的贡献，追认他为革命烈士。

（本文摘编自《闽东英烈》第1辑）

文物古迹

贯岭古遗迹

黄加法

祖宗坟山遗址

祖宗坟山遗址位于贯岭镇贯岭村茶组自然村山顶，相对高度110米，面积3500平方米，呈南北走向。1987年第二次文物普查时，工作人员发现内有长条形小石锛一件。根据采集器物判断，这里是一处青铜时代的聚落遗址。

祖宗坟山遗址见证了人类发展及生产工具革新的历程，依据遗址中出土的石器，可以了解到早期人类对定居行为、竹木结构建筑营造的思考，同时对史前石锛的演变、分类及功能研究等方面均提供了重要的实物资料。

祖宗坟山遗址对青铜时代人类的生产生活活动具有一定的研究价值。

南峰寨遗址

南峰寨遗址位于透埕村南峰山自然村南200米南峰山山顶，建于明代，遗址面积约30000平方米。平面近似圆形，四周环绕有围墙，墙体为石构，墙宽4米，残高2至3米，墙内有战壕，长1000米，宽7至10米不等。原有2个寨门，现仅存西门，门宽1.4米。山顶正中有寨主墓，原有烟墩，现已废。

李家尖烟墩

李家尖烟墩位于西山村东300米李家山尖的山顶处，为明代抗倭时的军事设施。烟墩为花岗岩石构，平面呈梯形，地面底座为正方形，边长10米；烟墩顶部为长方形，南北向长6.5米，东西向宽5米。烟墩原建筑物已毁。烟墩底部距烟墩5米处有3个并排的小墩。本地人称烟墩所在的山为"烟墩岗"。古人在今烟墩岗处设有烽火台一座，通过"昼烟夜火，遥相呼应"进行报警，并遣官兵戍守，山因此得名。

贯岭镇素有"雄关重镇、边界明珠"之美誉，乃兵家必争之地。李家尖烟墩为守卫边界立下了不可磨灭的功劳，是军事战略的智慧，也是当地居民生活安全的象征。它的存在为研究贯岭镇明清军事防御设施提供了实物资料。

贯岭古碑刻

郑必桑

一都班联登公立碑

一都班联登公立碑位于贯岭镇军营村禅关自然村祥关寺前 50 米。碑刻于清光绪二十二年（1896），坐北向南。碑为倭角方体，乃青石质地。碑宽 0.65 米、高 1.55 米、厚 0.07 米，面积 1 平方米。碑后为新建的禅关寺。碑文载，清康熙二十六年（1687）有村民回乡屯田，因有部分乡民冒名顶替原先田户，为解决纠纷，立合约以说明班联登所管田亩联单契及各人田地位置，清光绪二十二年（1896）立此碑以示说明。

原禅关寺始建于明朝，毁于清朝，传说是由于当时禅关寺主持和尚行为不端，被官府派兵剿灭。当时寺庙有十八罗汉铜身，当场被官兵拉走几个，其余十几个至今下落不明。

禁乞碑

禁乞碑位于贯岭镇排头村火墙里自然村马仙宫前，清光绪三十三年（1907）立。碑载，由于当年乞丐泛滥，且白天为丐，晚上为盗，出现强行索要钱物并开赌花会，窝藏赃款、赃物及开鸦片馆等现象。当地乡贤遂联名上书福鼎知县，规定凡平时每乞给钱一文，吉凶大事每乞给钱五分，对不法匪徒、恶乞成群结队强讨硬索骚扰等，立即扭送赴县严惩，决不宽待。故立碑禁乞。碑文为楷体，碑文竖 19 行、共 426 字，坐西向东，碑为倭角方体青石质地。碑宽 0.62 米、高 1.22 米、厚 0.1 米，底座为长方体，宽 0.73 米、高 0.21 米、厚 0.25 米。

贯岭

贯岭古建筑

马玉珍

贯岭镇古建筑年代多为明清时期的，种类较多，包括分水关隘，茗洋东宫戏台、分关临水夫人宫戏台等古戏台，内溪碇步桥、双石板桥等古桥梁，七斗庵、邦福杨府圣王宫、鹭鸶宝殿等古宫观。这些古建筑工艺精湛、风格独特，是研究贯岭历史文化珍贵的实物资料。受篇幅所限，仅列举部分简述之。

分水关隘

分水关城墙建于五代十国时期，是闽国为了抵御吴越国入侵而修建的边界关隘之一。考古发掘时，地层中未发现晚于五代的遗物；古城墙解剖时，墙体内也未发现晚于五代的包含物，由此可以间接证明该墙始建应在唐末五代。

清顾祖禹《读史方舆纪要》载："叠石、分水二关，俱闽王时筑，以备吴越。"清乾隆《福宁府志·建置志·关隘》载："分水关，与温州，平阳交界……闽王立，以防吴越入侵。""分水隘，在十八都，距县二十三里，郡守李拔巡历过此，题其上曰'分水雄关'。"

唐末五代，闽国与吴越国互为邻。吴越国国力强盛，为使闽国免受吴越侵略，闽王王审知在分水关建关隘并筑防御墙。

宋代全国统一后，分水关作为军事关隘已失去意义，成为重要的交通驿站，迎接南来北往的商贾官客。

分水关隘实际是闽浙分界线，以北是浙江省，地势险要，号称"闽东北门户"。在封建割据时代，分水关为兵家必争之地。宋末永嘉陈自中随秀王赵与择入闽，殉节于此。明清时代，分水关经过多次维修。明嘉靖年间，福宁知州黄良材造隘房

分水关隘（蔡勇明 摄）

驻守，并在此抗倭寇。清乾隆时学者俞樾由浙江德清往霞浦省亲，过分水关时留诗曰："岭上严严分水关，令人回首故乡山。归途倘践山灵约，雁荡天台咫尺间。"清咸丰年间，金钱会、红布会起义军与清兵在此展开战斗，死伤颇多，至今官兵墓仍在关内数百米的山坡上。

分水关隘为东西走向，平面呈一字形，墙体为石砌，内夯碎石混土。因修建闽浙公路和沈海高速，关隘多次被拆。闽浙公路（现 104 国道）从分水关隘穿隘而过，关被切为两段，现仅存部分残墙。

分水关隘墙高 3—6 米，最高达 6.8 米，东面残长 120 多米，西面残长 180 多米，总残长 305.9 米，总面积为 2000 平方米。城墙外侧用较平整大石垒砌，并设有走马道、城垛（女墙），以御外敌入侵；城墙中段设关门，宽 2.5 米，进深 4.9 米，为东向；门道中间石铺地面与城墙内外的驿道相连，门道外侧有一块长方形闽浙交界碑，上刻"分水关系平鼎交界，平西北，鼎东南"字样；墙内侧有一条跑马道。分水关防御墙依山而建，随山势蜿蜒。登上墙垛，东北望浙江，目之所及，虽重峦叠嶂，但地势渐低，愈显出关之高峻，有"一夫当关，万夫莫开"之势。

1989 年，福鼎县人民政府公布分水关隘为县级文物保护单位。2001 年 1 月，分水关隘被公布为第五批省级文物保护单位。分水关既是古代福建防御外敌入侵的军事关隘，又是闽浙两地重要的交通驿站，它见证了中原文化进入闽地的历史，并使福鼎成为福建最早接受中原文化影响的地区之一。

茗洋东宫戏台

东宫戏台位于贯岭镇茗洋村村部西 100 米，坐西北向东南，属抬梁式歇山顶木质结构，面阔 5.8 米，进深 9.2 米，面积为 53.36 平方米。戏台正梁铭文"大清光绪十一年岁在乙酉年瓜月谷旦建立"。上铺八角藻井，斗拱、雀替刻有人物、龙凤、花卉、蝙蝠、房屋等，雕刻精致、形象生动、古朴大方。茗洋村是革命根据地之一，有"红茗洋"美誉。1934 年，

茗洋东宫辖戏台（郭建生摄）

党组织就曾在东宫戏台开展活动。抗战时期，东宫戏台曾是浙南山区重要的战时物资储藏所。1949年6月，为解放福鼎，贯岭人民为部队赶制劳军鞋1000余双、捐赠柴数百担及大量粮食等支前物资集结于此，分发前线部队。中华人民共和国成立后，东宫戏台又成为周边乡镇赶集易物的重要场所。如今，东宫戏台已成为茗洋人民一份弥足珍贵的文化遗产，逢年过节或举办文化节时，仍有木偶戏、文娱节目等在此表演。

分关临水夫人宫戏台

分关临水夫人宫位于贯岭镇分关村下箩自然村店下埕三斗拢24号旁。坐北朝南，属一进合院式砖木结构，通面阔5.8米，进深9米，面积54平方米。中轴建筑由戏台、两厢房、天井、正殿组成。戏台前台宽6米，后台宽3米，为抬梁式歇山顶，戏台正梁铭文："大清光绪拾壹年

分关临水夫人宫戏台（贯岭镇政府 供图）

岁在乙酉瓜月谷旦建立。"戏台上铺八角藻井。雀替、斗拱、月梁雕刻有门神、龙凤、花卉、八仙、植物、鱼等，并镶有绿色琉璃石。原两边均有山墙，现一边已失。两厢房各有7间，现一边仅存3间。戏台保存完好，做工精细。

内溪碇步桥

内溪碇步桥位于溪底村内溪自然村，建于清代，呈东西走向，一字形排列，由花岗岩石块砌成。碇步桥全长23.5米，共有49齿，中间有2齿损坏，每齿长60厘米，宽22厘米，高50厘米，齿间距为25厘米。

七斗庵

七斗庵位于贯岭镇文洋村七斗自然村（坐东北面西南）。据庵边水井铭文记载，始建于清嘉庆十四年（1809）。七斗庵始建建筑已毁，现存的大殿是近几年重修的，属一进合院式砖木结构。通面阔18米，通进深9.9米，占地面积378.2平方米。中轴建筑由大门、天井、正殿组成。正殿面阔5间18米，进深6柱15.2米，属穿斗抬梁混合式硬山顶。庵旁有一水井，造于清嘉庆十四年（1809），井口现用水泥封平。水井深3米，井口外直径0.62米，内直径0.45米。井栏为圆形，由青石砌成，厚约0.09米。

井壁由花岗岩砌成，井水甘甜，沁人心脾。

邦福杨府圣王宫

邦福杨府圣王宫位于贯岭镇邦福村邦福自然村营房架上，坐北朝南，属一进合院式砖木构。总通面阔 19.7 米，通进深 21.2 米，面积 418 平方米。中轴建筑由大门、戏台、天井、正殿组成，大门面阔 1.57 米；戏台面阔进深均 1 开间，为 4.3 米；天井长 8.4 米，宽 5 米；大殿面阔 3 间 9.7 米，进深 5 柱减中柱为 7.9 米。建筑为抬梁式悬山顶。梁架、戏台刻有花卉。正梁铭文"龙飞光绪念伍年岁在己亥小春月谷旦建立"。

贯岭古墓葬

🌿 黄加法

王小回墓

王小回墓位于贯岭镇贯岭村云尾亭自然村西面山脚。据《福鼎县志》记载，墓建于北宋景祐元年（1034），依山坡而建，坐东朝西。由于年代久远，墓室已沉入地下，部分露出地面，仅存一碑，为青石质地，宽 0.38 米、高 0.49 米、厚 0.2 米，碑底座宽 0.47 米、高 0.17 米、厚 0.28 米。四周尚存若干墓砖。碑文楷体书"顺昌县尉王公之墓"8 字，共 2 行，每行 4 个字。

王小回，生卒年俱失，为贯岭王氏一世祖，北宋进士及第，北宋开宝九年（976）官授顺昌县尉。

福宁镇标堵剿会匪阵亡兵墓

清咸丰十一年（1861），浙江平阳钱仓金钱会起义。金钱会及其后期的红布会活动一直延续到同治三年（1864）六七月间。金钱会由浙侵闽，于福鼎分水关与清兵展开战斗。金钱会兵分三路，右路从蔡洋山进发，左路从梨洋山进发，中路从大路进发，阵容为"乌鸦阵"。清政府对金钱会进行镇压，战事惨烈，清军伤亡较多，战后清军尸体就地掩埋。

福建福宁镇标堵剿会匪阵亡兵墓坐东向西，平面呈"风"字形，主体为"塔"形结构，青石质地。据《福鼎文物》一书记载：墓葬通面阔 6 米，通进深 9 米，总面积 54 平方米。墓体由墓坪、拜坛、祭台、墓碑、墓丘及两旁护手组成。墓

福宁镇标堵剿会匪阵亡兵墓（白荣敏 摄）

碑宽 0.45 米，高 0.55 米。墓碑楷书阴刻直行"福建福宁镇标堵剿会匪阵亡兵墓"，右侧刻墓葬坐向"本山坐乙向辛加卯酉分金"，落款为"桐山合营公建，大清同治戊辰年十月吉旦立"，字宽 4.5 厘米、高 5 厘米，墓室分两穴。2002 年修建高速公路时迁移至现址。

松洋双进士墓

松洋双进士墓位于贯岭镇松洋村大竹洋自然村西南 100 米墓头岗山山脚。据当地家谱记载，松洋双进士墓始建于清代。该墓坐西面东，平面呈"风"字形，三合土构。墓面阔 12 米，进深 21 米，面积 252 平方米，由龟背形墓丘、墓亭、福德正神、祥兴宝库及三个墓埕和两旁护手组成。墓前有一对圆形望柱，高 4 米，底座为覆莲状，高 0.22 米，供案高 0.9 米，墓亭为青石质地，高 1.2 米、长 1.6 米，中间墓碑书"皇清赐赠乡进士文林郎守璞张公偕配陈氏孺人暨男例赠乡进士文林郎冠带大宾岱观公配蔡孺人之墓"。墓道旁竖立墓道碑。据载，双进士墓为父子二人合葬墓，是张氏此支在福鼎的肇基始祖。

文洋诗碑

白荣敏

　　根据贯岭镇干部提供的线索，我在该镇文洋村找到了两块诗碑。碑为青石材质，大小相近，长约0.6米、宽0.4米、厚约0.1米，竖靠于该村郑家小四合院门楼遗址墙基旁。一块右上部有断裂，但文字清晰；另一块表面有崩损，个别文字残缺，尚能辨别。两碑各题刻一首五绝，字体为行书，署名均为"邓宗海"，下方还有一方篆书钤印。内容如下：

　　　　继继绳绳者，躬耕谷口田。
　　　　传家留本富，深仰子真贤。

　　　　聚族文阳久，盈阶书带长。
　　　　入门思祖德，千载荐馨香。

文洋诗碑（白荣敏 摄）

经查阅资料，邓宗海为贵州贵阳人，1940 年 11 月 5 日至 1943 年 2 月 15 日任国民党福鼎县长。这一时期，抗日战争达到高潮，全国上下一心抗击外敌，但国共两党之间的摩擦依然存在。1941 年 1 月，"皖南事变"发生，国民党派省保第二团到闽浙边界"清剿"共产党人。2 月，国民党在福鼎以县长邓宗海为队长，在前岐成立"清剿工作队"，并会同平阳县"清剿队"，施行进攻与诱降兼施的策略，限在两月内扑灭以龙跃为首的中共浙南地委和以陈伯恭为首的中共鼎平县委组织。8 月 15 日，国民党在福鼎、泰顺、平阳三县政府召开边境联防会议，于泰顺县彭坑设立"边境联防指挥处"，联合"反共"。是年，提出"改组肃奸网，重新取具连座切结，限期办理完竣"的工作任务。县长邓宗海在第二次乡政会议训词时指出："当前，一面抗战，一面建国，还有许多重大而繁难的工作，需要我们努力推进。同时本县环境还是非常恶劣，匪气四绕，治安的威胁一天重过一天。在这 8 个月中，首先肃清邻浙边界区的奸伪势力，以除积患，这是最可快慰的一点。"翌年 2 月，县政府设立了专门对付共产党人的"搜剿队"。"搜剿队"后来出了一个双手沾满人民鲜血的队长林德铭，于 1949 年 6 月的巽城战斗中被共产党击毙。

作为一县之长，邓宗海在福鼎任上还是做了一些好事，如整修桐山溪岗坝等。1940 年秋至 1942 年夏，桐山溪多次发生水灾，溪岗坝崩缺 30 余丈，洪水入城，一时人心惶惶，谣言四起，谓："三百年前是桐山，三百年后是沙滩。"1942 年 5 月 7 日，县政府成立浚河筑堤工程委员会，由邓宗海任主任委员，聘黄懋荣、李海、李得光等 26 人，分头筹款雇匠，征集民工，于 1943 年 2 月开工赶修。

1941 年 6 月 5 日，日军舰艇窜扰沙埕、南镇、流江等地，烧毁民房，致使居民流离失所，县政府发放赈济金 2000 多元。8 月 17 日，日军再度进扰沙埕，在海上发炮烧毁民房后，随即登陆，大肆烧劫，搜捕民众，殴打行乐，居民惨状难以尽言。此次焚烧民房 488 间，全镇精华付之一炬。半个月后，县政府会同县赈济会，赶筹大米和法币，前后施济，并抢盖房屋，以供灾民栖息。

因日军烧劫沙埕，县长邓宗海委派政府秘书郑振明到沙埕开展调查。根据调查情况，郑振明撰写了《日寇骚扰沙埕调查报告》，详细记述日寇烧劫沙埕的过程以及沙埕受害的惨状，记录了日寇犯下的滔天罪行。

郑振明乃贯岭文洋郑家人氏。作为县政府秘书的他，深得邓县长的信任和赞赏，故获得邓的赠诗。邓诗赞扬了郑家祖德留芳，虽世代务农，躬耕乡野，仍以诗书传家，不乏贤达之士。

我翻阅修于 1976 年的郑氏《家世汇集》，有《振明先生行实》一文，文中记载：

先生名振明，又名义弘，别号宗三，字以箴，乃声镕公之子。世居桐城，世代书香，少自读书有志……曾任福鼎县政府科员、统计主任、助理秘书，福鼎县儿童保育所主任，县党部秘书兼代书记长……先生为人丰姿英俊，治家严整，处世端方。

邓宗海于1943年2月调离福鼎。鳌峰山栖林寺山门未拆之前曾留有他一副手书楹联："倦鸟下寒林，山色有无，飞锡僧归苍茫外；昭明开夕照，雨晴浓淡，倚筇人在画图中。"

郑振明于1949年去台湾，留下妻儿在福鼎生活，第三子郑鼎光从事教育工作，1998年我在市教委工作时曾与之同事，现已退休。郑振明在台湾曾主编台北市福鼎同乡会会刊《福鼎会讯》，发表《怀乡谈往》系列文章，读之可见其深切的莼鲈之思。

我在福鼎市档案馆查到两份郑振明于1948年11月两次向时任县长丁梅熏申请创办《福鼎新报》的报告书，有"窃明等发起创办《福鼎新报》三日刊，专以阐扬三民主义，宣传政令，报导时事为宗旨""窃本报定于明年元旦出刊，现正积极筹备"等语。档案馆还存有县政府对郑振明等人申请创办《福鼎新报》等事宜的答复以及给福建省银行福鼎办事处关于郑振明申请贷款的批转件等。我没有查到郑振明所办的《福鼎新报》，倒是查到了1949年2月"印刷机件正筹购中"的函件以及后来新购的铅字4箱"运至上海吴淞口被统一检查站扣留"的相关档案。我想在那样的多事之秋，郑振明办报的心愿多半是未能实现吧。

贯岭古驿道——桐分路

🍃朱小陆

《福鼎县交通志》记载，福鼎北驿道之"桐分路"长计55里，始于城关，经万古亭、贯岭村，越分水关，北去浙江。

北驿道从贯岭分水关"北大门"南入，沿贯岭山脉直下乡镇，另有支路通往几个村落。大体干道途经贯岭沿邦福、西山南下。自分水关出经茗洋、溪底、透埕是另一支古道，最终目的地为县城。1950年以前，闽浙沿海陆地未有公路，交通道路皆为石板路，沿村镇县城依山爬岭而行，是为驿道。最早的驿道都是用切凿规整的长方体大石板铺砌而成，石板嵌入泥土，在南来北往商贩和百姓的踩踏下，一步一脚印地谱写先民行走一方的历史篇章。先民逢山开路、遇水搭桥，遇水位不高的山间溪流，便以碇代桥，名曰碇步。碇步是用切凿规整的石块每隔约一个步伐嵌入河床形成的一种简易桥梁，可以让人连贯地从溪流上涉水而过。

桐分路（林昌峰 摄）

贯岭路亭

🍃 朱小陆

　　江南一带，即今浙、湘、皖、赣、闽、粤诸省，皆丘陵地貌，古代道路大都翻山越岭，鲜有坦途。作为古道所需的配套设施，大致5—10里即设有一亭，供行人暂憩，挡风遮雨，一般称之为路亭、山亭或风雨亭。

　　据不完全统计，古时贯岭境内有路亭20多座（每个村都有1—2座）。这些古凉亭或仰高山，或临流水，或枕巨岩，或倚古树，或跨路而建，或傍于路侧。昔日贯岭路亭多为土木结构，亦有用石头砌筑的，有四柱亭、六角亭、八角亭等几种构式。因为造型轻巧，选材不拘，布设灵活，路亭被广泛修筑在古道关隘上。亭中靠墙两侧有木枋连接，行人可以坐下歇息，亦可将货担置于枋上，以缓解弯腰挺身之累。路亭多为附近村民独资、募捐或献工献料而建。亭上正梁楷书建亭时间、董事、工匠、捐款人姓名、数额等，每亭必有亭名，如友谊亭、半岭亭、路脚亭、得功亭、西山亭等。在贯岭的古驿道和一些主要大路上，每隔十里八里，便有跨路而建或建在路旁的路亭，专供行人歇脚、躲雨、乘凉或卸担停顿休息。

　　而今，山岭、古道及建于其上的路亭大多遭荒废。乡村通往省道、市（县）道公路旁的路亭逐渐多了起来，且大多为砖木结构，坚固耐久，饰以琉璃瓦，美观实用。其功用除了歇肩、躲雨、乘凉外，主要为候车。昔日贯岭

贯岭路亭（贯岭镇政府 供图）

有些村庄的村头巷里亦建有路亭，供村民歇息聊天。雨天或农闲时，村民聚集在亭里讲故事、听嘭嘭鼓、下棋。有的亭店合一，亦可买卖糕点、烟、酒，边吃边聊。如今，贯岭的许多景点都新建了牌楼式的路亭，雕梁画栋，碧瓦飞檐，做工精细，如分关村山上的长寿亭、望成亭等。每日早晚和节假日，健身者或在亭中舞剑、打白鹤拳、跳舞唱歌，或倚亭观赏桐城美景，或与朋友聚集亭中谈古论今，亭之功用更加多彩多姿。

据《福鼎县交通志》记载，20 世纪 90 代贯岭镇存有凉亭 9 座。1979 年在分水关由福鼎、平阳、泰顺三县人民政府联合修建的友谊亭，是闽浙两地居民友好往来的见证。位于贯岭岭头的德光亭，古为闽浙孔道上主要路亭之一，清康熙年间由王慕园倡建。此外还有位于战坪洋的德功亭，位于乌溪岭头的中和亭，20 世纪 60 年代由茗洋楼下村陈姓修建的楼仔亭，清代余贤料于分水关犁壁村修建的犁壁亭，1950 年重建的文洋村景云亭，1958 年由西山村张姓修建的西山亭，1974 年修建于军营村半岭的杨梅岭亭，由军营村岭上群众修建的半山亭。

西山林厝

🌿朱小陆

洛图林厝坐落于贯岭镇西山村。沿村前官道拾级而上，一座天井式四合院古宅映入眼帘。古厝建筑面积约 2200 平方米，宅院占地面积约 1600 平方米。林氏后人已悉数从古宅迁出，现仅存木构框架主体。主体屋面黛瓦整齐，瓦沟无枯叶，庭院芳草萋萋，弃物排放有序，可见林氏后人常有翻新修缮，使古宅保护完好。主体建筑周边依稀可见多处工整条状青石铺就的基石，排水明沟绕大院围墙而行，昔日除主体外尚有几处厢房或仓楼之类的建筑物，现已成废墟。立于庭院，可以感觉到古宅气度不凡，颇具规模，是典型的浙南、闽东风格木构农舍民居。

正面围墙居中为入院正门。围墙风蚀斑斑，大门翻新如故，始祖所撰楹联"必恭桑梓承先泽，为谨门闾启后昆"，横批"敦睦永祺"鲜亮依旧，彰显了林氏先辈对子孙的殷切之望和后代不忘祖训的传承之风。

西山林氏一族始祖林演于明天顺年间迁于此，已历 550 年。古宅始建于清康熙年间，已有 350 年历史。由正门入内至主厅，进深为 17.8 米。外围墙内大门楼宽 31 米，

林氏古厝航拍（贯岭镇政府 供图）

当中大门宽 1.7 米。大门露天空场石埕进深 13.3 米。主宅由下厅、两边厢廊、中间天井、正厅和后厅组成，为四合院。下厅进深 11.6 米，内天井进深 60 米，宽 9.6 米。上三级石台阶为正大厅，进深 8 米。两边和正厅为双层明楼。进入大院是一字型下厅，下厅当中是路亭，两边和中亭均为单层瓦屋，有七透上下西厅，中间为天井，四面屋檐连接下边长方形、内天井。自天井上三级台阶到达正厅，上下厅与左右廊连接，上厅为二层，当中为大厅堂，两边为各户居住楼。大厅及两边廊沿均为青石条铺面，直通两边仓楼。两边仓楼现只剩基宅上的青石板和通道下的排水沟，左边 60 多米长的石砌围墙保存完好。

据林氏后人林贵满介绍，古宅当年的柱础十分考究，雕有翔龙、雄狮、麒麟，还有手持寿杖的土地公等图案，可惜 20 世纪末被喜好古玩者"偷梁换柱"，以一般的柱础石取而代之。

古宅后院存放着一口大花缸，色如古铜。花缸为明代烧制，缸口直径近 1 米，高 0.75 米。缸口隆突 0.05 米，圆润精致。缸壁外周刻有 8 幅花鸟图案，由梅、兰、竹、菊与金象、飞鹰、鹦鹉、丹鹤组成。花缸工艺精湛，是见证洛图林氏与古厝历史的稀有古物。

正厅正梁高悬一幅行书"探花"牌匾。称谓、署名和落款年月已损，备注"钦点御前侍卫，赏戴花翎"。据考，"探花"者系西山洛图林氏林正宗，武略骑尉，生于清乾隆五十七年（1792）八月十四子时，卒于清光绪七年（1881）七月十二未时，享年 89 岁。

"探花"匾

出大门前行有长 11.8 米、宽 3.1 米的鹅卵石古官道。道前骆驼溪清澈如许，涓涓而流缓缓出村口而去。溪中卧一石龟，除其背破损外，栩栩如生，为西山村一大景观，村民视之为"神龟"。此龟背部破损传说有二。其一，相传神龟每年去浙江泗溪一趟，在快要收成的季节，吃那边的红米和稻花，吃红米回到西山生金，吃稻花回来生银，并将金、银藏于后门山一个非常隐蔽的地方。由于神龟吃了泗溪的红米和稻花导致那边颗粒无收，便有人寻先生问其缘由，方知是石龟所为。于是就沿溪寻石龟至此，作法 10 天，将石龟灭之。石龟身上破损处，即是当时的伤痕。其二，与西山村交界处泰顺的水稻原来长势良好，但到了收成的时候，水稻都是空的，泰顺人颇觉怪异。按照农村的说法，用细的红纱线绑在稻谷麦穗上，可使谷物饱满，但尝试后仍不奏效。泰顺人心生疑惑，顺着红纱线竟寻到石龟。原来这头龟在泰顺吃稻穗，但粪便（金子）却落在西山村骆驼溪。泰顺交界处村民发现石龟有灵性，于是商量谋划大事。由于西山村多是林氏子孙，泰顺人便派了林姓人到西山村唱大戏，请西山村民观看。天色渐晚，泰顺林氏来人乘西山村林氏族人酣醉之际，将石龟的背部挖去。

林厝左行约 100 米，有一株 500 多年树龄的罗汉松。从《林氏宗谱》首页插图画着一株罗汉松推测，这株罗汉松为西山林氏肇基始祖所植。罗汉松树围 3.5 米，高约 12 米，历代子孙尊其为"神树""风水树"。罗汉松盘根粗壮古朴，枝叶苍劲葱绿，树身挺拔俊秀。根部连盖一座宫庙，年份不详，宽约 3 米，为单层砖木结构，横斜大根盘踞宫内。宫里供奉罗柴公公、樟柴先生、白马明王等神像，一张八仙桌摆设中间。村民时常会到庙里焚香烧纸，祈求保佑。

罗汉松高高地矗立于古宅左首，几百年来一直默默地守护着一方百姓。

贯岭近现代重要史迹及代表建筑

陈秋霞

贯岭镇近现代重要史迹及代表建筑丰富，主要包括重要历史事件及人物活动纪念地、军事建筑及设施、基础设施建筑及附属物等。这些古旧的建筑如今在镇政府及当地居民的保护下熠熠生辉，向人们诉说着贯岭人民敢于拼搏、不惧牺牲的一件件光辉往事。

分关碉堡

分关碉堡位于贯岭镇分关村分关自然村东 50 米。碉堡坐北面南，设一间二层楼，由花岗岩石块砌成。门宽 1 米，高 5 米。一层面阔 5.5 米，进深 5 米，面积 30 平方米。二层碉楼高 2 米，墙垛高 0.8 米，其中内口宽 0.6 米、外口宽 0.4 米，垛身高 0.23 米。碉堡开 6 小口用于机枪射击，宽不足 0.1 米，南面设一采光口。

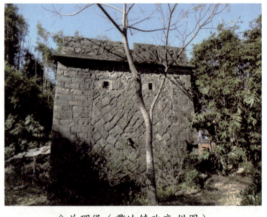

分关碉堡（贯岭镇政府 供图）

1936 年 11 月，蒋介石调集 10 万重兵，对红军进行"围剿"，重点进攻浙南游击根据地，采取占领一地就构筑碉堡、派兵防守的策略。但根据地军民不怕牺牲，顽强抵抗，直至 1937 年抗日战争爆发，根据地军民取得反"围剿"的胜利。碉堡为研究红军反"围剿"战争提供了有价值的依据。

中共福鼎县第一次代表大会旧址

中共福鼎县第一次代表大会旧址位于贯岭镇何坑村犬盘温龙埠岭 13 至 18 号。1938 年 11 月，中共福鼎县第一次代表大会在此召开。这里是当年无数老前辈进行革命斗争的根据地之一，留有刘英、粟裕、郑丹甫、王烈评等革命先辈的战斗足迹，他们的光辉形象和不朽英名将永远存在于这块红色沃土上。2005 年，何坑村被命名为"青少年德育教育基地"。

依据梁架结构与平面布局判断，该建筑建于清代。旧址坐东南面西北，庭院式土木结构，面阔 7 间 26 米，进深 5 柱带前檐 11 米，面积为 286 平方米，为穿斗式悬山顶。

浙南人民革命委员会旧址

浙南人民革命委员会旧址位于贯岭镇排头村金山头自然村 13 号。根据梁架结构与平面布局判断，该建筑建于清代。旧址占地面积 161.68 平方米，坐东朝西，为庭院式土木结构，中轴建筑由门、台阶、庭院、正厅组成。正厅面阔 5 间 17.2 米，进深 4 柱带前檐 9.4 米，为穿斗式悬山顶。屋前庭院长 20.7 米，宽 13.8 米。

1936 年 6 月，中共闽浙边临时省委在此召开会议，决定成立浙南人民革命委员会，辖区包括福建福鼎大部分地区，浙江泰顺、平阳（今苍南）部分地区及浙江文成县珊溪南部。浙南人民革命委员会是闽浙边临时省委在革命低潮时在敌人心腹地带建立红色政权的大胆尝试，是"农村包围城市"战略的具体体现。

排头会议旧址内景（贯岭镇政府 供图）

红茗洋纪念馆

　　为缅怀革命先烈，弘扬革命传统，满足贯岭老区人民群众多年的愿望和诉求，2005 年 12 月，中共福鼎市委在茗洋召开市委中心组学习会议，与会领导重温了闽浙边区艰苦卓绝而又英勇辉煌的革命斗争史，缅怀了革命先烈的英雄业绩，对弘扬革命优良传统、加快革命老区社会主义新农村建设提出新的希望和要求。2006 年 4 月，原茗洋村史教育室被福鼎市委命名为全市首批八大爱国主义教育基地之一。2007 年 4 月，市委研究决定建设"红茗洋纪念馆"。随后，贯岭镇成立了以镇主要领导为组长的"红茗洋纪念馆"建设领导小组。纪念馆 2007 年 6 月正式动工，经过一年多时间的施工建设和布馆陈展，于 2008 年 8 月 28 日落成竣工。"红茗洋纪念馆"共三层，分 5 个展区，通过展板、图片、实物陈列等形式，图文并茂地展示革命战争年代老区人民在党的领导下英勇不屈、前赴后继的斗争场景，再现了如火如荼的峥嵘岁月，成为一处较具规模、内容丰富、史料翔实、教育意义深刻的爱国主义教育基地。

　　开馆后，镇、村加强领导和管理，为纪念馆配备了专职管理人员，制定了卫生、来访登记等制度，实行节庆日定期开馆和来客来访随时开馆的管理办法。自开馆以来，已接待闽浙边界各级各单位参访人员 500 多批次，受到广泛好评。一幅幅珍贵的照片，一个个逼真的场景，一次次精彩的讲解，让每一位参观者感慨不已，真正体会到革命烈士的崇高精神及共产主义事业的伟大，从心灵深处接受洗礼。纪念馆先后被授予宁德市爱国主义教育基地、宁德市党史教育基地、福建省党史教育基地、福建省国防教育基地等称号。

青莲寺

🌿 江流美

青莲寺位于贯岭镇松洋骋马山，距县城 5 千米。周围群山环抱，溪涧纵横，松竹并茂。

千百年来，青莲寺香火缭绕，香客摩肩接踵，为福鼎一大寺院。岁月漫漫，其旧史细节已无从稽考，唯有出土的黄色残缺瓦砾和一块古代奠基石可推测当年之恢宏。

据《福鼎佛教志》记载，青莲寺始建于后梁贞明六年（920），与店下灵应寺、硖门瑞云寺、桐山栖林寺、桐城三门里溪南寺、白琳天王寺并举，为福鼎六大寺之一。在 1000 多年的历史长河中，寺院历经沧桑，几经兴废，其沿革与佛教的盛衰息息相关。清光绪十三年（1887），僧众曾一度栖居马氏真仙宫、高景周施舍山地。后在首事卓敬尔、郭日赊、易志祥、江阿岱、陈大俘、陈大黄协助下扩建宫宇，改宫为寺，称"青莲寺"。

1980 年，佛教政策得到全面贯彻，寺由释迦德准法师主持，入首事陈志万、周兆文、江为郁、陈开思、陈春妹等 33 人，与四方善士鼎力扶助，在聘马山佛地遗址上

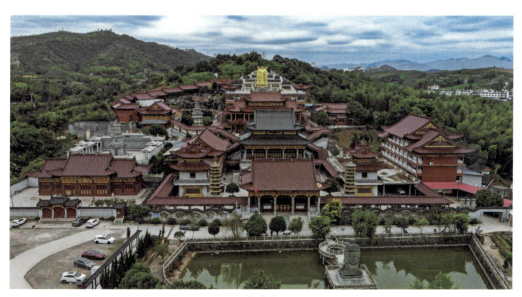

青莲寺

重新兴建寺院，先后创建会塔、圆寂窑，安装自来水，铺设山门水泥路。

2001年，经十方施主赞助，由首事陈国进、江祖康、郭道妹、许启粉、江流美等42人通力协助，重建一座富有南方建筑艺术风格的大雄宝殿，寺貌焕然一新。

2002年腊月，邀请福鼎龙莲寺释悟善法师主持青莲寺。后保留一部分原有建筑，按照规划对其余部分进行了修建、扩建。现有常住僧众9人。

新建青莲寺规模宏大，总占地面积30亩，建筑面积为5880平方米。寺院依山而建，依中轴线布局为放生池、天王殿（左侧钟楼，右侧鼓楼）、大雄宝殿（左侧宿舍，右为斋堂）、观音殿（左侧舍利塔，右侧深日老和尚纪念堂）、万佛楼、南无阿弥陀佛塑像，合成一处宏伟壮观的寺院建筑群，现已成为僧众修行道场和香客旅游观光胜地。

一进山门，首先映入眼帘的是放生池，呈长方形，有100格石栏杆沿池而设，白色的石柱与青色的石栏板搭配协调，每根柱头都雕有祥云缭绕图案，栏板上雕刻诸类水族及花卉。池中有石桥相连，通道设计新颖别致，桥一头为同心圆造型，在水中映出一轮美丽的月亮。"五童戏弥勒"塑像矗立于方形通道之中，弥勒佛形象饱满、生动，高7米。放生池占地面积约1800平方米。

天王殿内中间列供弥勒佛、韦陀塑像，两边供奉四大天王，殿为单檐歇山顶，建筑面积230平方米。殿两边为斋堂和宿舍，右侧斋堂为单层钢筋混凝土结构，面阔7间，内堂宽敞，可容纳几百人就餐。斋堂边是宿舍楼，为三层建筑，占地面积380平方米。

四进观音殿雄伟壮观，为11扇10间楼阁式建筑，三层歇山顶飞檐翘角，优雅别致。一层檐扉精美雕刻花卉、翎毛、人物等吉祥图案，玲珑精巧。二层可同时容纳200多人，大厅列置一尊高6米、宽3米的千手观音菩萨，气势恢宏。观音殿占地面积1200平方米。

五进万佛楼顶上是露天大佛广场，平坦宽敞，分为上下二层，形成"回"字形结构，在"回"字的中央是蔚为壮观的四面铜佛，佛像矗立在一朵大莲花之上，四尊铜佛浑然一体，佛仪庄严，高12米，围6米，金光闪闪。莲花底座有4个面、8个角，均为青石浮雕，正面、左、右侧三面镂雕九品莲花，每面各有"上中下"三品，各有三生。底座正面两边浮雕大力士形象，面部威严，身躯肌肉隆起，健壮有力，姿态极富神采，双手托起万钧重的大佛底座，显现法力无边，其余部分还雕有麒麟、大象、狮子等吉祥物。广场三面围筑白色瓷瓶镶嵌的栏杆和花纹石板压条。露天大佛广场面积880平方米。

露天大佛广场的左侧是五百罗汉堂，依山而建，占地800平方米，为长廊式建筑，有500尊罗汉罗列而上。

禅关寺

朱小陆

禅关寺坐落于古闽越相交之地的贯岭镇军营村，旧名禅关庵，始建于明弘治八年（1495），迄今已逾 500 多年。因明代高僧无极和尚以"禅定"闻名，故名。

明盛之时，殿宇崇楼，庄严巍峨，建有大雄宝殿、天王殿、祖师殿、观音楼、斋堂、僧舍、客堂等。寺院建筑面积达 2000 多平方米，拥有山场土地 35 亩，住僧、尼 12 人。天王殿前，有长 50 米、宽 40 米、深 5 米的放生池。

寺院于清康熙六年（1667）、光绪二十二年（1896）两次重修。

1942 年，福鼎佛教会创办慈济纺织学校，全县大小 83 座寺庵都为该学校献谷，其中禅关庵献谷 210 斤。1946 年，禅关寺由政府登记造册在案。

"文革"时，禅关寺主要建筑被拆，佛像和大量文物被毁，僧尼被驱散。

宗教政策逐步得到落实后，被驱散僧众先后返庵。僧众在当地信众的支持下，经几年努力，于原址重建一座 600 多平方米的大雄宝殿和僧舍、膳厅、客堂。1998 年，经县人民政府宗教事务局批准，禅关寺正式登记为宗教活动场所。现有住尼 3 人。

贯岭的两座教堂

草湾教堂

　　草湾教堂位于贯岭镇透埕村，迄今已有几十年。该村信众初时曾到城关自立会、永福堂做礼拜，1952 年成立教会。1965 年，由于人数增加，民房容纳不下，会众移至生产队仓库聚会，有多位传道人受牧养。1983 年，由于仓库倒塌，信徒在草湾村岗尾建立教堂，人数不断增加。2004 年再建新堂，所属面积约 1500 平方米。历任长老有吕英桃、吕英铨、吕姿焕、周炳庆等，现由长老吕资恩、陈世银负责。

（以上文字由陈世银整理）

贯岭基督教堂

　　贯岭基督教堂坐落于贯岭垄后自然村。1995 年贯岭信徒开始正常聚会，原先由林敬读、林敬生、周某妹等几个家庭组成。早期，需由贯岭到福鼎城关麻坑教堂做礼拜，来回长达二十几千米。因当时交通不便，便在贯岭设立堂点。2021 年，因镇政府开发需要，旧堂搬迁到贯岭福泽路 131 号新建教堂，面积约 2100 平方米。历任负责人为林敬读、林敬生，现由阙碧峰、林初元、林元荣等负责。

（以上文字由陈延安整理）

文教卫生

贯岭电影放映队

> 许 峰

直至 1978 年 5 月 1 日，贯岭才拥有了自己的电影放映队。

刚开始，贯岭电影放映队只有 2 人，后来，发展到五六人。贯岭电影放映队工作的主阵地是农村山区。当时，由于交通不便，放映电影是件苦差事，百来斤的电影放映行头须靠肩膀挑到各行政村或自然村去，来去一路风尘，一路汗水。在当时，看一场电影像是过节似的，男女老少翻山越岭结伴而至，自带小凳子，偌大的临时放映场人头攒动、座无虚席。电影如春风吹遍山山水水，展现了山以外的世界，人们亦在观看电影中知晓了良多。在繁重的劳作之余，观看电影无疑是一种精神享受。小小电影放映队穿梭在各村之中，不辞辛劳，付出了汗水，收获了欢声和笑语。在当时特定的历史条件下，电影放映队对农村文化建设起到不可或缺的作用，受广大老百姓的喜爱。

改革开放后，随着经济的快速发展，电视机渐渐走进千家万户，电影放映队慢慢退出了人们的视野。1998 年，历时 20 年的下村电影放映降下了帷幕。

巡回放映电影活动虽早已淡出人们的记忆，但那时那刻观看电影的感受就好像昨天刚刚发生一样，是那么深刻而又那么清晰。

贯岭教育发展简史

🖋马玉珍

科举制度兴于隋代，此后绵延上千年。在这一过程中，居于东南沿海一隅的贯岭地区由于远离政治中心，地方科举之风相对有限。直至民国时期，私塾的兴办才蔚然成风。1949 年后，贯岭地区的教育水平逐渐得到改善，1979 年以来，形成了较为完善的幼儿园、小学、初中的教育体系。

1950 年以前

据《福鼎县教育志》载，福鼎历史上共有 44 名进士，贯岭地区在宋朝时曾有一位进士，名王成，南宋绍兴三十年（1160）梁克家榜，后出任雷州通判。王成才华横溢，文章秀美，现仅存他为友人缪氏撰写的《缪氏谱序》一文。

清末民初，城乡普遍兴办私塾，贯岭地区也不例外。私塾亦称蒙馆，乡村私塾开馆时间一般于农历二月初二，闭馆一律在本年冬至前，有"圣人公不吃冬至丸"之说。私塾没有星期天和暑假，只在端午节、中秋节、重阳节各放一次假，农村一般在端午和中秋期间各放农忙假 7 到 10 天。

贯岭地区较大的私塾是于 1937 年设立的透埕私塾，地点在透埕村庵里，塾师为王辅臣，学生大约有 30 人。刚入学的蒙童一般学习《三字经》《百家姓》《千字文》及《五言杂字》等，年龄较大的学生进一步学习《幼学琼林》《声律启蒙》《四书》《五经》《古文观止》《唐诗三百首》等。

1948 年，设立贯岭私塾，地点在贯岭，老师为温简亮，学生大约 29 人，主要教授《五言杂字》《三字经》《幼学》等篇目，每年 10 担秋谷的学费由学生分摊。1949 年，私塾被关闭。

20 世纪五六十年代

中华人民共和国成立初期，福鼎县人民政府对私塾采取加强管理和逐步改造的方针。主要措施：由区负责对全县私塾进行登记；对塾师进行会考；各地私塾受附近学校指导；采用新课本，禁用封建课本，禁止打骂学生；引导塾师参加当地社会活动，帮助塾师进行政治学习。

同时，不断完善贯岭地区的教育体系。至 1950 年，贯岭地区建立起两所小学：初级小学——贯岭小学、中心（完全）小学——秀岭小学（地址在透埕）。

贯岭小学的创始人是当时的土改队队长杨守晃，学校始设马仙娘宫（现贯岭祠堂边）内，学生仅有十几个人，只有一、二年级。第一任校长为温简乾。1956 年，马仙娘宫被拆除，重建新校舍。

1961 年，国家贯彻"调整、巩固、充实、提高"的方针，根据宁德地委宣传部提出的"布局合理，撤销生源、校舍、师资困难的学校，并加强重点校，保证质量"的调整原则，县结合实际，将完全小学分为三种类型。其中，贯岭小学、透埕小学被列为二类学校，即公社范围内基础较好的完全小学；松洋小学被列为三类学校，即要求实行半日制的完全小学。同年，政府要求从 138 所初级小学中划出 31 所学校改为简易小学，其中就有军营小学。简易小学的办学形式有隔日制、早晚班制、巡回制、潮水制等。

1962 年，贯岭所属学校改隶属于桐山学区。1966 年 6 月，"文化大革命"开始，全县小学停课，至 1969 年春季陆续复课。

20 世纪 70 年代至今

从 20 世纪 70 年代开始，随着地方经济的发展，贯岭地区的教育开始逐渐步入正轨。但是该时期大部分村校仍是在村里、宫里或祠堂兴办的临时学校，规模都不大。

1979 年，福鼎全县恢复学区建制，公社教育革命委员会改称学区，配学区正、副校长，具体负责管理学区工作。至 1981 年，贯岭已有两个幼儿班，分别在透埕小学和贯岭中心校，都属于桐山学区。

1982 年 8 月开始实行区（镇）、乡、村建制，全县 13 个公社被改为 13 个区，并设 1 个县辖镇；同年 7 月，贯岭学区成立。

1986 年 7 月 1 日，《中华人民共和国义务教育法》开始实施，福鼎全县开展学习宣传活动。是年秋季，贯岭学区"四率"（入学率、巩固率、毕业率、普及率）达省颁二类标准。

1988 年，贯岭乡 15—40 岁少青壮年文化状况为：取得高中学历共 134 人，其中女性 12 人；取得大专学历 4 人，无女性；在学小学 19 人，初中 111 人，高中 18 人，成人教育 226 人。

1990 年秋，全县小学实行五年制。1992 年，贯岭乡改镇。1993 年 5 月 19 日，福鼎县委、县人民政府召开全县教育工作会议，贯岭镇作专题发言。1994 年，福鼎县人民政府制定《实施福鼎县基本普及九年义务教育和基本扫除青壮年文盲的总体规划》和《福鼎县实施初级中等义务教育规划》，贯岭镇制定了相应的实施细则。

1995年，贯岭宣布实施初级中等义务教育，贯彻人民政府规定，确保乡镇自筹资金25%以上用于义务教育。贯岭1995年筹集资金4.1万元，1996年筹集14.69万元，1997年筹集10.09万元。1997年1月9日，福建省安全厅捐资30万元兴建分关国安小学。该时期重视教育的海外华侨和乡贤亦捐资在家乡筹建小学。如1992年原籍福鼎的旅泰侨胞李明先后捐台币100万元、人民币4万元、美元100元，在其故乡捐建贯岭排头小学；1997年中国香港陈庭骅基金会捐资20万元，建设贯岭镇茗洋小学教学楼。据统计，20世纪90年代是贯岭镇学校存续最多的时期，大大小小的村（包括自然村）校约有45所之多。

1996年，福鼎市委、市政府制订《关于保证义务教育适龄对象依法入学完成年限教育的意见》，依法治教，全面开展教育"两基"工作，推进"两基"进程。1996年5月21日—6月29日，由副市长许文斌带领市教育督导组，先后对贯岭等8个乡镇基础教育的"五项内容"开展督查，并结合"两基"指标进行测评。同年，在透埕小学附设初中。

1997年4月25日—27日，由福建省、宁德地区教委组成的扫盲工作检查组先后到秦屿、沙埕、桐山、桐城、贯岭5个镇对扫盲工作进行抽查，并向福鼎市人民政府作反馈。该年秋季起，福鼎市人民政府批准中学更换校名，凡初中班数达12个、人数达500人左右的中学，除福鼎市民族中学外，一律按序号命名。贯岭初中改为福鼎市第十五中学，共有在校生938人，适龄毕业生187人，初中阶段入学率达95.7%。

1998年，贯岭有中心校1所、完小11所、初小3所、教学点34个，总共49个。12个行政村有完全小学12所，辖区占比100%；240个自然村中，校点数共计49个，占比20.42%，其中小学在校生有1770人。贯岭学区有11所农村完全小学，它们分别是：分关（国安）小学、茗洋小学、透埕小学、溪底小学、何坑小学、排头小学、邦福小学、西山小学、军营小学、松洋小学、文洋小学。

1998年，福鼎十五中（独立初中）已有16个班，在校人数794人；透埕初中（八年制学校）共6个班，在校人数315人。

1998年，贯岭地区扫除青壮年文盲情况为：四普总人口为22581人，四普时15—40岁人口有10012人，其中文盲2651人（女性文盲1892人），非文盲率是73.5%。考核验收时有15—40岁总人口10012人，剩余文盲125人（女性103人），非文盲率为98.8%；其中丧失正常学习能力的有30人，脱盲人数达2433人。

21世纪以来，贯岭以镇驻地为中心，建立起包括中心幼儿园、中心小学、第十五中学在内的完备教育体系，辐射吸纳域内各村各阶段适龄学生入学读书。在地方政府以及社会各界力量的共同努力下，随着经济、社会的发展，贯岭各校的办学条件得到不断改善，变得越来越好。

福鼎十五中发展简史

黄大旺　黄加法

　　福鼎市第十五中学坐落于闽浙两省鼎、苍、泰三县交界的福建北大门——贯岭镇，距离福鼎市区8千米，是一所农村初级中学。学校创办于1971年，现有校园面积近11776平方米，校舍面积4910平方米，有教职工38人，其中具有中、高级职称者33人。学校拥有6个教学班，在校生总数为224人，其中寄宿生65人。50年来，学校历经沧桑，在困难中发展，在改革中前进。自2017年以来，学校三次进入宁德市初中教学质量一类校行列。现为宁德市"文明校园"、福鼎市新一轮实施素质教育工作先进校和福鼎市4A级平安校园。

筚路蓝缕　砥砺前行

　　福鼎十五中前身是贯岭小学附设初中班，面向辖区内12个行政村进行招生。这一时期，贯岭小学附设初中班学生不多（6年招新生总计150多人）。贯岭首届初中班仅设初一、初二各一个班。由于教室不足等原因，首届初中班曾轮换几处，先从贯

福鼎十五中教学楼

岭宫迁至 104 国道旁、供销社对面的民房，后又转迁至贯岭大队十二路小队上厅门季家中厅，三转贯岭桥头梁氏民房中厅，最后定在福鼎十五中现址，与贯岭小学合址办学。

1978 年，章如烛任贯岭小学校长，筹建了一座三层半，共 9 间教室，约 900 平方米的水泥预制板教学楼，供附设初中班使用（一直使用到 2010 年，鉴定为 D 级危房后拆除）。1981 年，陈锵任贯岭学区校长，组成新的团队，毅然挑起初中班教学大梁。在九年义务教育还没有普及的 20 世纪 80 年代，初中是淘汰制。1984—1985 学年，学生已达 220 多人，班级增加到 5 个班，但师资还是不足。1984 年，谢旺弟任贯岭学区校长，继续扶持附设初中班教学工作。1985 年秋季，学校被正式命名为"福鼎县贯岭初级中学"，教育局委派廖光福为贯岭初中负责人，行政归属贯岭学区管辖。

1986 年，教育局委派周永忠任贯岭初中负责人。当时贯岭初中行政班子已独立（校长和教导主任），但财务尚未独立。起步阶段，艰苦创校。这一时间，贯岭初中办学、办公条件差，且缺乏教学设备。来自 12 个行政村完小校的学生入学基础差，学习能力参差不齐，从师专毕业的教师寥寥无几，主要是普师毕业生。但正是这些普通师范毕业生，怀着一颗对贯岭教育事业的赤胆忠心，无私奉献，撑起了贯岭初中教育的一片蓝天，在教育教学方面留下了可圈可点的成绩。1987 年周永忠调任福鼎民族中学后，由陈鼎生、付如塔、黄明星相继主持贯岭初中工作，一直延续到 1989 年春季结束。

这一时期培养的广大初中毕业生，后分布在各个领域，不少人现已成长为各部门的专业人才。其中 1986 届初中毕业生温丁利同学，被福鼎一中录取后，参加 1989 年高考，以总分 700 多分的优异成绩被清华大学土木工程学院录取。

抢抓机遇　开拓发展

1989 年秋季，"福鼎县贯岭初级中学"正式独立，教育局任命卓佐琳为福鼎县贯岭初级中学校长，黄明星为副校长。此时，学校财务、组织人事正式与贯岭学区脱钩。1985 年建造的食堂及山上一座破旧的三层砖木结构宿舍仍共用。当时，学校行政班子配备不全，学生才 260 多人，共 6 个班级。因中小学分家，一部分中师毕业的教师又回到学区任教。1988 年秋季至 1991 年秋季，有 17 名高等师范专科毕业的学生被分配到贯岭初中。这些年轻化、知识化、专业化的初中专任教师为学校带来了生机。1992 年 1 月，卓佐琳调任福鼎山前初中，学校工作由黄明星副校长主持。

1993 年 11 月，教育局任命黄明星为福鼎县贯岭初级中学校长。此时，教育"两基"工作启动，正值"打初中建设攻坚仗"时机。福建省政府把发展初中事业列为全省为民办实事的项目之一。各级政府十分重视，修订规划、多方筹资，加快初中建设步伐，掀起大办初中的热潮，贯岭初级中学得到了难得的发展良机，教学设施不断完善，办学条件不断改进。1993年，贯岭小学搬迁至新校址。其于1991年建造的860平方米教学楼留给贯岭初级中学使用。

20世纪90年代末，福鼎市取消"小升初"入学统一考试，实行适龄儿童就近入学。受这一政策影响，贯岭学生数剧增，班级数也在增加，学生宿舍床位紧缺成为学校棘手问题。贯岭镇人民政府高度重视这一情况，于1996年将原贯岭茶业站作为"两基"经费划拨给贯岭初级中学使用。为迎接教育"两基"验收，在上级的重视支持下，学校在资金极端困难的情况下，不等不靠，想方设法筹措资金，开源节流，改善办学条件。1997年，在初中第一座水泥预制板教学楼南侧毗邻扩建了一座3层9个教室，合计300平方米的教学楼，以解班级数激增的燃眉之急。后又于1998年在贯岭茶业站厂房南侧空地盖起一座1200平方米的学生宿舍楼。1998年秋，寄宿学生全部搬迁至新宿舍楼。由此，贯岭初级中学有了专用教学区和学生生活区两个场所。此外，还修建了学校大门和部分围墙，添置学生课桌椅300套，重新调整教室，设立理化生仪器室、实验室、电脑室、音乐室、阅览室、教师办公室，并配全实验器材等教学配套设施，为2001年教育"两基"复查和"普实"（普及中小学实验教学）验收奠定了基础。

此后，学校办学规模不断扩大，教育环境不断优化。取消"小升初"入学统一考试，普及九年义务教育后，2001年学校学生将近1000人，班级数达到16个。2003年市教育局对贯岭镇学校布局进行调整，将透埕初中班并入福鼎十五中。学校为解决教室不足和标准化实验室建设以及扩大学生活动场所等问题，经报请福鼎市教育局和有关部门批准，开工建设教学综合楼。开始征地9亩，扩大操场面积4000平方米，硬化水泥操场2000平方米，建造标准化水泥篮球场一个，新铺设百米煤渣跑道一条，建立绿化带300平方米，并新建学生宿舍楼大门、新建围墙200米。2006年新建学校大门（由旅秘华人同乡会捐赠资金8万元）。2007年1月占地1809平方米的综合楼（总投资172万元）全面竣工交付使用。学校于2007年6月完善了综合楼多媒体、电脑、理化生实验室和会议室以及行政办公室等配套工程安装建设。2008年暑期改建食堂，新建冲水厕所96平方米。2010年春，拆除位于学校教学区后山原中小学共用的一座破旧的三层砖木结构宿舍，建造一座1500平方米的学生宿舍楼。同年，贯岭镇政府收回原设立于贯岭茶业站的学生宿舍楼产权及土地使用权。2010年秋季，新学生宿舍楼投入使用，极大地改善了学校办学条件，加强了学校的内部管理，为学生的学习和生活创造了良好的环境。

学校鼓励教师参加学历提升进修，培养学科带头人和名师队伍，深入进行新课程改革，积极开展第二课堂活动。至2008年，学校专任教师本科毕业率达85%以上。洪吉煌、许锦超、黄朝积、林卫明4名教师被确认为宁德市骨干教师，许锦超老师加入福鼎市语文名师工作室，陈菲菲老师负责的课题《农村初中生物教学中合作学习有效性研究》被确定为 2006—2007 年度宁德市"十一五"立项课题，她也被评为宁德市新课改先进教师。为了提高学生综合素质，学校立足校情，设立 6 个教研组（语、数、英、理化生、政史地、体图音），开展丰富多彩的第二课堂活动。其中数学组洪吉煌老师指导的洪辉鹤、林挺同学分别获全国数学奥赛宁德赛区二、三等奖，理化生组王其銮老师指导的初三学生洪仕秒在全国初中化学素质和实验能力竞赛中获福建省二等奖、宁德市一等奖，王其銮老师也因此荣获宁德市园丁奖。

2011 年 1 月，校长黄明星调任福鼎电大。2011 年春季，教育局任命董希冰为福鼎市第十五中学校长。他合理规划校园用地，积极在"小"校园里做"大"文章，着力绿化、净化、美化校园环境，将学校 100 米煤渣跑道改造成绿化带。先后购置学生公寓的上下两层共 132 个床铺及配套置物柜、脸盆架；师生食堂餐厅添购一批 8 人座位餐桌椅，可容纳 160 位师生就餐。

这一时期，有不少毕业生考上了重点大学。如：1989 届的翁华涛和 1990 届的林贵长考上西安交通大学；1995 届的王念川考上上海财经大学；2002 届的郑必林考上厦门大学并成为北京大学研究生，郑宗盖考上南京航空航天大学，洪辉鹤考上河海大学，林挺考上南京医科大学；2003 届的王小燕考上哈尔滨工业大学；2011 届的阙恩伶考上厦门大学。

2002 年，十五中中考成绩尤其突出，有 18 人考取福鼎一中，平均中考成绩为 487 分，及格率 64.4%，优秀率 23.7%，综合比率 64.4%，均列同类校前列，深受好评。

扬帆启航　蝶变跃升

在福鼎十五中发展的历程中，学校的建设和发展离不开历届师生的努力，更离不开历任校长的强基固本和精神引领。

2012 年 10 月，教育局任命林本喜为福鼎市第十五中学校长。经过"双高普九"后，学校办学条件、校园环境、办学规模、师资队伍基本稳定，教育教学质量和同类优秀校相比，总体上还有差距。林本喜校长到任后，凭借"教育强市""教育均衡发展""义务教育管理标准化"的创建东风，把提高教育教学质量作为立校之本。他在传承前几任校长办学理念、办学目标、校训和校风的基础上，紧跟时代步伐，开拓创新，以"办优质和谐教育、创人民满意学校"为办学方向，以"敬业乐教、立德树人"为教风，以"乐学求真、自主合作"为学风，认真贯彻执行新时代党的教育方针，根据学校的现状和发展要求，制订了《福鼎十五中事业发展规划》，明确学校发展的目标与方向。在学校管理过程中，他注重"三个关注"——关注学生、关注教师、关注质量，使福鼎十五中近几年教育教学质量迅速跃升。

几年来，福鼎十五中在"办优质和谐教育、创人民满意学校"的办学方向引领下，致力于学生"进得来、留得住、学得好"这一基本原则，狠抓教育教学质量，办学理念、办学特色日益凸显。学校始终坚持以学生为主体，以教师为主导，以质量为主线，以课堂为主阵地，以培养学生综合素质能力为目的。近五年，在校学生巩固率均为100%，获福鼎市教育局表彰，教学质量提升显著，2016—2017年度获宁德市初中教学质量"进步奖"，2017—2018年度、2019—2020年度、2020—2021年度连续三年跨入宁德市初中教学质量一类校行列。从2012年始，每年40到90名不等的应届初中毕业生中被福鼎一中录取的就有6到10人，"三率一分"及录取率等综合比率位于同类校前列。

学校把提高教育教学质量作为立校之本的同时，争创宁德市"文明学校"。2015年至今，学校连续三届获得宁德市"文明学校"称号。学校多渠道筹措资金，不断改善办学条件，营造浓厚的育人文化氛围。2014年，福鼎市青莲寺住持悟善法师在贯岭镇党委主任科员邓昌朝、宣传委员谢冰陪同下，深入学校了解寄宿生情况，为我校寄宿生捐赠洗衣机、消毒柜及80套被子、毛毯、洗漱用具等，改善学生的住宿条件。学校亦加大对食堂硬件设施的投入，通过"明厨亮灶"工程的创建，食堂"一品一码"的设立，加强校园物质文明建设。2017年，在市教育局支持下，拨款创建"福鼎十五中禁毒室"，并开展系列禁毒教育活动。2020年春节，新冠肺炎疫情席卷全国，在贯岭镇政府大力支持下，学校购置一批防疫设备，如测温门、红外线消毒器等，利用福建省安全教育平台等加强平安校园建设。学校持续开展"警校共建"活动，加强普法教育，学生受教育面达100%；进一步完善门卫制度，设立"一键报警点"，并与公安联网；不断完善校园安全人防、物防和技防建设，推进校园安全防范水平和保障能力，实现人员素质、设施保障、技术应用的整体提升，以加强校园环境建设。学校充分利用各种社会资源和社会力量，帮助解决学校发展的资金困难等问题，促进学校改革发展。2015年，贯岭镇政府出资11万元，迁移坟地，征用周边茶园3亩，作为十五中教育用地。2019年暑期经多方筹措资金，建造200米塑胶跑道并改造下操场灯光塑胶篮球场。2021年暑期，取得市教育局、贯岭镇政府支持，改造校门口至镇政府一段危墙。2021年11月6日，学校顺利完成见证了福鼎十五中30年发展的教学楼的拆除，新教学楼现已立项，准备在原址兴建，规划建筑面积2200平方米，总造价1200多万元。2021年10月下旬，福鼎十五中顺利通过福建省"义务教育管理标准化"评估验收。如今，福鼎十五中生均校舍面积达22.4平方米，有绿地面积1200平方米，并建有一座面积1500平方米的学生宿舍楼。校内有理、化、生实验室各一个，实验教学仪器按教育部教学仪器配备目录 I 类标准配备。校内有一条 200 米塑胶跑道、一个篮球场，图书馆藏书 6800 多册。学校环境整洁清幽，校园布局自然和谐，是师生学习生活的理想场所。

这一时期，又有一些毕业生考上重点大学。如：2012 届的李轶抄考上河海大学，李小敏考上江南大学；2018 届的黄予悦考上厦门大学，王家铭考上华北电力大学，洪聪聪以总分 685 分（宁德市理科总分第二名）的优异成绩被北京大学电子信息学院录取。

"长风破浪会有时，直挂云帆济沧海。"前进中的福鼎十五中将以新时代党的教育方针为指导，坚持"办优质和谐教育、创人民满意学校"的办学方向，以创建一流的文明学校为目标，遵循"以人为本、和谐发展"的办学理念，全面推进素质教育，着力培养更多服务于社会发展的人才。

贯岭中心小学述略

◎许　峰

　　贯岭中心小学坐落于贯岭镇玉茗路43号，创办于1952年，是一所完全小学。创办时学校负责人为温简乾，后历经施从炫、王兆赠、陈锵、谢旺弟、何秋冬、王德海、章青岚、洪吉平、朱晓华、郑守朝、蔡娟等十几任校长。目前学校占地面积4490平方米，建筑面积4250平方米，绿化面积为1000平方米，共有教职工52人，在校生536人，分设12个教学班。走过72年的办学路，贯岭中心小学的教育教学水平现已跻身全市同类学校前列。

艰难岁月　玉汝于成

　　学校刚创办时仅有十几个学生，且年龄不一，名曰初小班，教室是荒废的四面通风的旧房子，学生自带桌椅前来上学，教学设备之简陋令人不忍卒视。教师的工资也仅够勉强果腹。但生活工作环境的恶劣并没有降低立志以振兴山区教育为己任的教师们投入教育教学工作的热忱，他们吃苦耐劳、任劳任怨，潜心教育教学工作，使学生进得来，留得住，学得好，学校办学规模不断扩大。不久后，贯岭镇辖内12个行政村，村村有学校和教学点。1971年，还成立了附设初中班。贯岭中心小学教师用实际行动诠释了教书育人的深刻内涵，正是几代人不懈的努力和坚守，才有了贯岭中心小学的今天。

开拓进取　破茧成蝶

　　改革开放前，受师资力量、教学设施、教育教学资源等方面的制约，贯岭中心小学教育教学整体水平不高，在全市同类学校中居下游水平。改革开放后，学校确立了新的教育教学理念，创新办学思路，摒弃了陈旧落后的教育方式。其时，教育的重要性也受到各方面的重视，学校在改革的浪潮中获得新生，教学面貌焕然一新。学校的管理得以强化，师资力量得以加强，办学条件得以改善。教师们勤勉工作，善于学习，热心教研，不断提升专业素质。素质教育、成功教育被引入课堂，大量先进的教学方式、方法涌进课堂，教师教育教学水平不断提高。学生刻苦钻研、勤奋学习，在愉悦的学习氛围中茁壮成长。贯岭中心小学重视提升教育质量工作，在"以质量求生存、以质量求发展、以质量求声誉"的办学理念引领下，勇于创新，逐步打开教育教学局面，使教育教学质量稳步提高，成为福鼎市同类学校教育教学的佼佼者，深受当地群众的好评。

与时俱进　不断提高

新时代赋予学校的教育教学使命任重而道远。近几年来，学校不断强化办学理念，强化教育教学管理，充分整合各种教育教学资源，深化教育教学改革，加强教师队伍建设，注重教风、学风建设，努力建构愉悦的教学环境和学习环境，确保学校教育教学工作朝科学化、制度化、规范化方向快速迈进。学校取得了许多荣誉。1987年，学校获县大面积提高教学质量先进单位。1993年，通过省"六项督导"。进入2000年后，学校教育教学水平进一步提高，教学教研气氛更加浓厚。贯岭中心小学积极参加市一级各项教研活动，培养了一大批教学精湛的教师，涌现了王颖、王玲、梅丽松、张玉玲、吴尔婷、李盛情等一大批参加市级教研活动的"一等奖"专业户。贯岭籍学生温丁利于1989年考入清华大学，洪聪聪于2022年考入北京大学，翁华滔、翁日尔、翁日月、林时密、王宗根等一批优秀学生先后考入大中专学校，取得了不俗的成绩。贯岭中心小学得到了上级主管部门的认可和表彰，先后被评为福鼎市"文明学校""义务教育标准化学校""素质教育工作先进学校""平安先行学校""平安校园"。通过全体教师的努力，贯岭中心小学教育教学水平不断朝"制度化、科学化、规范化、整体化"方向迈进，已名副其实地成为闽浙边界文明窗口学校。

贯岭中心小学

福鼎市分关国安小学

🍃 许 峰

　　1996年9月，福建省国家安全厅领导视察贯岭，看到始创于20世纪60年代初期的分关小学校舍破旧、设施简陋，当即决定发动全体干警捐资建设新校，并逐步完善办学条件，以实际行动支持革命老区的教育事业。

　　1997年9月福建省国家安全厅全体干警捐资35万元，2002年7月福建省国家安全厅捐资15万元，在新校址上先后建成教学楼和教师宿舍楼。同时，地方各级政府投入近30万元，用于教学配套设施建设。新校冠名"福鼎市分关国安小学"，是全省第一所国安小学，由时任国家安全部部长贾春旺题写校名。

　　福鼎市分关国安小学地处闽浙两省的福鼎、苍南、泰顺三县（市）交界地带，背靠绵绵青山，面临五代古墙，占地面积为4800平方米，建筑面积为1500平方米，校舍造型新颖别致，环境优美宜人，素有"雄关重镇窗口学校"美誉。学校确立了"依法治校、德育立校、科研兴校、特色荣校"的办学思路，不断更新教育观念，改进

福鼎市分关国安小学

教学方法，丰富教学内容，拓宽教育渠道，教育教学质量稳步提升，在校生高峰时达 536 名。学校先后荣获"贯岭镇教育工作先进单位""福鼎市农村示范小学""福鼎市实施素质教育工作先进完小校""宁德市义务教育标准化学校"等称号。此外，学校与分关交警中队长期开展"警校共建"活动，其中"大手拉小手、安全进万家"的交通安全教育活动内容丰富，成效显著，学校亦因此被多次评为省市创建交通安全学校工作先进单位。

福建省国家安全厅干警在新校落成后还不断续写新的助学篇章，15 年间，坚持向学校或师生赠送慰问金以及校服、书包、图书、电脑、多媒体设备等生活学习用品，多次出资组织全体教师外出开展夏令营活动或参观学习，极大地丰富了学校办学资源，提升了师生的工作和学习积极性。福建省国家安全厅干警"捐资助学、造福后代"之功德，必将永载贯岭镇教育史册。

福鼎市德源学校

朱小陆

    福鼎市德源学校坐落于贯岭镇西山村。前身为西山交通小学，是宁德市交通局资助的隶属于贯岭中心小学的全日制公办小学。2016 年底，霞浦籍商人谢昌文经拍租取得该校使用权，次年 2 月，更名为"福鼎市德源学校"，性质为民办小学。

    谢昌文，霞浦人，经营超市等生意，喜公益、存爱心，常为慈善机构捐钱物。他立志为留守儿童、孤儿、父母离异儿童、弱智儿童等特殊弱势儿童群体创办一所小学，以爱心滋润、温暖特殊群体儿童的心灵，让他们能健康成长。其曾分别于霞浦、柘荣等地创办学校。

    德源学校开办后，谢昌文对原校进行了全面的清理。在西山村村民的支持下，其征用学校周边用地，扩大校园面积，投资兴建了一座建筑面积为 1800 平方米、共 6 层的新教学楼，对原校进行了改造、更新和提升，添置了教学设备，聘请了教师，将只剩下 3 个学生、校舍陈旧的西山小学改造升级成颇具规模、设施齐全的新型小学。学校现拥有校园面积 4000 多平方米，总建筑面积 2400 平方米，拥有图书室，多媒体教室，乒乓球室和音乐、美术、自然实验等专用教室，以及学生宿舍、食堂和教师办公等用房，学校还新建了塑胶田径场，新增设了体育活动设施。

    学校现有教职工 24 名，学生 128 名，分设 6 个年级和 7 个教学班（一个学前班）及 1 个特殊教育班。学校以留守儿童、特困家庭子女、孤儿和智障儿童等弱势儿童群体为主要教育对象，学生来自闽浙边界各地。

    针对特殊的教育对象，学校按国家教育部颁发的教学大纲组织常规教学外，增加以传播中国传统文化为主要内容的德育教育，以《大学》《中庸》《孟子》《论语》《唐诗三百首》《周易》等经典，滋润学生的心田，用优秀的中华传统文化来培养学生健全的身心。学校引导学生坚持每天诵读不辍，达到"腹有诗书气自华"的效果，培养学生具有"爱国爱乡、仁爱孝悌、谦和好礼、互助互爱"的中华民族传统美德。

    学校自创办以来，得到各级领导和主管部门的关怀和支持。宁德市委书记梁伟新、福鼎市委原书记包江苏都曾莅临学校看望慰问师生，福鼎市党政分管领导多次亲临学校指导篮球场、操场等基础设施建设，福鼎市教育局和贯岭镇领导经常到校指导工作

贯岭

130

并帮助解决教学管理、学生营养餐补助等生活管理问题。领导的关怀和支持为学校的稳步发展注入了强大的动力。在发展过程中，学校还得到许多热心教育事业的爱心人士和社会公益组织的关注和帮助。爱心人士和困难学生开展结对帮扶，在学习、生活、心理健康等方面提供帮助，让困难学生顺利完成学业。学校是福鼎市红土地爱心协会、福鼎市传统文化促进会等社会组织的服务和教学基地，有关成员经常深入学校开展社会服务等公益活动，让学生了解传统文化，感受社会温暖，促进学生身心健康全面发展。

学校拥有一支爱岗敬业、富有爱心的教师队伍，他们在传授文化知识之外，还像父母般对学生给予关爱，为学生们营造温馨的家庭氛围。学校除确保完成国家规定的义务教育课程外，还设置国学经典、书法、武术、音乐、习劳、远足、孝行入家等特色课程，助力学生完善知识结构，培养劳动技能，提高人文素养，促进身体健康，全面提升综合素质。

学校现有 4 届毕业生已进入不同的初中就读，他们的日常表现得到了普遍认可。道阻且长，行则将至；行而不辍，未来可期。德源学校正朝着更高的办学目标前进。

福鼎市德源学校

贯岭中心幼儿园

陈丽华

　　福鼎市贯岭中心幼儿园创办于 2016 年，是一所崭新的美丽的市（县）级示范性幼儿园。校园占地面积 3886 平方米，建筑占地面积 1119.63 平方米，总建筑面积 3626.26 平方米。学校现有教职员工 45 人，其中在编教师 15 人，取得本科学历者 10 人，取得大专学历者 13 人。在园幼儿共计 337 人，园区设 9 个教学班。

　　幼儿园保教设备、设施配套齐全。各班级活动用房内均设有活动室、寝室、盥洗室和教师备课室，并配置了空调、热水器、直饮机、消毒柜、洗衣机、电脑、电视、教学一体机等教学和生活设备；园内户外有大中型教具、沙池、水池、攀爬架、涂鸦墙、足球场等玩乐和运动设施。此外，还有符合"明厨亮灶"信息化建设标准的厨房。这些设备、设施，满足了幼儿日常的生活和学习需要。

贯岭中心幼儿园

　　幼儿园秉承陶行知先生"生活即教育"的思想，提出"让幼儿玩得快乐，让教师教得有效"的办园理念。幼儿园开设"偶遇贯幼、栀香满园"等园本课程，通过生活劳动、阳光运动、自主游戏、快乐学习等途径，引导中大班从本土资源入手，开展具有灵活性、创新性、针对性的主题教育活动。如：中班主题活动"栀子小镇"，从家乡的特产栀子入手，让幼儿探索了解植物生长的奥秘；大班主题活动"家乡的木偶戏"，围绕木偶造型、木偶大探秘、木偶乐园、木偶表演秀等内容开展系列活动，锻炼幼儿各方面能力。生活化、游戏化的课程为孩子们搭建了一个"敢做、善做、会做"的平台，使他们成为"健康、快乐、自信、文明"之人。

　　贯岭中心幼儿园创办以来，始终践行"爱心、用心、耐心、细心、诚心"的服务承诺。在校园文化建设上，着力追求生活化，让校园文化融入幼儿生活，于抓细和落实方面下功夫，使幼儿在实践中感知并领悟。在环境建设上，用心谋求创意美，营造简约而又不失雅致的文化氛围，彰显"自然和谐"的校园特色。在实际工作中，倡导"团结、热爱、创新"的园风，注重保教合一，努力提升服务品质，打造"让每个孩子享受成长的快乐"的和谐校园，用实际行动展示贯幼人爱教乐业、奉献社会的良好形象。

　　随着办园质量的稳步提升，原先选择在福鼎城区幼儿园就学的贯岭籍幼儿陆续回到贯岭中心幼儿园就学，在园幼儿的数量逐年增加，促进了贯岭镇人口回流，巩固了本地中小学的生源。2021 年 4 月，贯岭中心幼儿园被福建省教育厅确定为"融合教育示范园"，满足了贯岭镇特殊幼儿随班就读、享受同等教育机会的需求。办园以来，贯岭中心幼儿园先后获得"福鼎市 AAA 平安校园""福鼎市示范性幼儿园""福鼎市第一届文明校园"等称号。

贯岭医疗卫生事业

贯岭地处山区，交通不便，20世纪90年代前医疗发展处于低下水平。20世纪50年代中期，贯岭卫生所设置完成，但规模和辐射范围都非常有限，民众大都只能依靠行走于乡野之间的赤脚医生看病诊治。20世纪90年代之后，贯岭地区的医疗事业开始得到改善，特别是随着贯岭卫生院的成立，延伸下设村级卫生所，使该地区的医疗水平得到显著提升。

贯岭医疗卫生发展概述

1950年以前，全国疾病防治基本依靠中医和中（草）药，贯岭地区也不例外。民国时期，农村缺医少药，当政者对急性传染病及地方病无应急、防治措施，加上巫医、神汉乘人之危，诈财害命，造成疫病流行，受害者众。此时虽有药铺和私人诊所，但是覆盖范围较为有限。

中华人民共和国成立后，福鼎卫生工作贯彻"面向工农兵、预防为主、团结中西医、卫生工作与群众运动相结合"的四大方针，包括贯岭在内的各乡镇医疗事业逐渐开始发展。

1955年5月，福鼎县人民政府卫生科制定了筹建区卫生所的方案。7月，贯岭成立了第十一区（贯岭）卫生所。

1958年，贯岭卫生所在邦福设立，医疗人员有4人，负责人为王长盛。

1955年11月，贯岭发生白喉病疫情，县人委组织白喉防治小组，赴贯岭开展防治工作。

1958年上半年，贯岭卫生所内新配备助产士1名。7月，包括贯岭等在内的5个区卫生所被撤销。

134

20世纪七八十年代，贯岭地区各村卫生事业稍有起色，但是由于山区较多，各村分布较为分散，地方医疗发展十分有限。在这一时期，贯岭地区医疗事业的主力为各村的赤脚医生。该时期的赤脚医生一般为村里文化水平较高的知识分子，在公社学习后经由卫生校培训。因为当时医疗人才稀缺，所以赤脚医生需要学习的医疗科目非常多，中医和西医都要兼顾，甚至有的赤脚医生还要充当接生婆的角色。赤脚医生在当地非常受人尊重。

20世纪80年代，贯岭地区的医疗水平仍没有较大改观，赤脚医生依旧在保障乡村民众健康方面发挥着巨大作用。这一时期乡村医疗条件差，一些村民生病后不是去找医生就医，而是选择寻求巫医神汉的帮助，导致错过最佳治疗时间，追悔莫及。

1975年和1984年，贯岭地区先后两次开展全县性麻风病线索调查和在部分地区的全民普查，全县累计发现麻风病人18例，其中贯岭1例。随后按照"积极防治、控制感染"的原则，采取"边调查、边隔离、边治疗"的方法，对确诊病人进行治疗。

1980年5月，经省卫生厅批准成立福鼎县卫生进修学校，并于1980年至1982年举办3期赤脚医生复训班。

1981年下半年，福鼎县组织赤脚医生参加全地区第一次乡村医生统一考试，评定乡村医生130人，合格赤脚医生223人，其中有排头村的李求法以及何坑村的郑行品等。

1985年5月，福鼎县共有136人获得省人民政府授予的"从事中医药工作三十年荣誉证书"，其中贯岭卫生院有4人，分别是夏品琅、郑家寿、李敏栋、江宇山。

1990年，贯岭卫生所共有19位工作人员，共5张病床，院址设在贯岭（1970年前院址在桐山十字街，称桐山中心保健院）。同年，各乡镇卫生院实行各种形式的经营责任制，共有4种类型：统一管理，综合承包；定额承包，分组核算；统一核算，定岗定责；自收自支，租赁承包。贯岭卫生院属于第四种类型。

1990年，贯岭卫生院年门诊人数共计20444人，日平均门诊56人次，年住院人数达248人，病人治愈率达80.49%。与之相对应的，乡村卫生所面临危机，已经行走于乡野之间40多年的赤脚医生开始退出历史舞台。

贯岭卫生院

贯岭卫生院始建于1958年，前身为桐山中心保健院，坐落于福鼎市城关桐山十字街，1970年改名为福鼎县贯岭卫生院，并移址至贯岭镇，距市区8千米。历任院长有吴泽夫、周瑞根、汪济美、李家英、周明枝、许永顺、陈世欢、石维奇、郑祥塘、林邦强。

至1990年，贯岭卫生院占地面积达1.2亩，房屋面积为787平方米，其中，门诊用房面积225平方米，病房面积165平方米，职工宿舍面积275平方米。院内只有5张病床，有职工19人，卫技人员16人，中医师2人，中医士2人，护士和助产士各1人。如今该院占地面积达3.4亩，总建筑面积为2364平方米，其中业务用

贯岭卫生院

房1865平方米。院核定编制数为27人，现在职在岗32人（其中，借调4人，占13%；专业技术人员24人，占75%；拥有中高级职称6人，占18%；取得大专及以上学历28人，占85%）。院下设有村卫生所（室）12家，在岗乡村医生17人。现村所（室）信息化标准建设均已达标，有8家村卫生所配备"海云工程"设备，10家村卫生所被纳入乡村卫生服务一体化管理。

近年来，卫生院加强对村医业务进行培训和督导，对公共卫生项目完成的质量进行严格把关，公共卫生科及时总结督导和评价结果，认真督促整改，落实好业务工作上的"传、帮、带、管"。几年来，乡村医生的工作质量有了明显的提升，绩效补助经费较以往有大幅度增长。

虽然贯岭镇医疗卫生健康事业经不断发展，各方面有了很大的改善，但其卫生事业发展基础还是较为薄弱，仍然存在着医疗人才（特别是中医）不足、中医药服务能力水平低下、乡村医生队伍不够稳定、个别配合度不够等问题，仍需进一步加大力度促进卫生健康事业发展。

贯岭

民俗风情

贯岭提线木偶戏

马玉珍

　　福鼎提线木偶戏于宋代传入。历史上福建西南移民曾多次迁入闽东、浙南等地，带来各地不同文化。南宋时期，杭州艺人纷纷迁徙浙南、闽东山区，带入不少民间艺术和生活习俗，提线木偶戏于此时传入福鼎。清末木偶戏艺人岩袍等人在福鼎各个乡村表演木偶戏，传艺于贯岭王氏一家，并形成独立戏团——闽浙边界新华木偶剧团。贯岭排头村李轶卿承祖上技艺，以家族代际传承的方式传承木偶戏，也形成了独立戏团——福鼎新莲庆木偶剧团。

　　贯岭提线木偶戏俗称"七条线"。艺人操纵线长1.6米至3米的木偶，在戏台上进行表演。木偶身段高0.7—0.9米，提线长1.6—3米，艺人站在幕后提线演出。木偶

贯岭提线木偶戏（施永平 摄）

头戴金冠，身着五色龙凤袍，脚穿各种布鞋，还有大小道具 100 多件，根据不同剧本扮演生、旦、净、末、丑，演绎历代帝王将相及才子佳人和平民百姓的故事。木偶身上的提线一般为 7 条，多者可达 30 多条。木偶手指活动自如，还能转动眼珠、开合嘴巴、表演特技，如变脸、地面拾银、抽烟、翻跟斗等各种细腻动作。表演众人武打场面时，艺人可一只手提线操作 1 个木偶，另一只手提线操作 4 个木偶。

农历正月初一至正月十五元宵节期间，贯岭镇各个村的热心人便开始张罗，请戏班子到村里来唱戏。春节期间的提线木偶戏不仅是为了消遣娱乐，丰富正月里的文化生活，增加过年的热闹气氛，还因为村民们相信这么做有祛邪气、保平安、祈丰收等美好寓意。请戏班子的钱由村里各家各户自愿出资。新春"看大戏"算得上是村民们必点的一道民俗大餐。一听说戏班子进村唱戏了，村里村外便热闹起来，大人小孩聚到一起，买零食，看大戏，热闹程度不亚于赶集。

提线木偶戏的生存和发展与民间的宗教信俗有着紧密联系，而提线木偶戏的演出也往往与庙会、庆典有关。贯岭镇除拥有较多传统节俗外，还拥有丰富的民间信仰。在当地，乡民往往逢节日祭祀，全村都要"做福"，并请提线木偶戏班来做戏，敬请神明、村民观赏。民间做戏习俗为传统的提线木偶戏提供了重要的生存和发展空间。

与此同时，提线木偶戏的发展也与过去生活普遍贫困、消遣娱乐项目不多等原因有关。贯岭镇郑行品老人说："我们村里没有戏班子，表演提线木偶的整个福鼎就几家，我们在正月的时候会请他们来做，一般是在正月初一到元宵以前。那个时候有好几班，福鼎有，浙江那边也有，有专门组织戏班子的。一般一个人做一天要三四百，一个班大概 8 个人，加上其他开销，一天要四五千。这个钱由各家各户自己出，自愿出。现在看的人少了，以前很多，戏班子各个村轮着做，一个自然村要做好几天，每个自然村都要做。那个时候我们没有电视，就看看这个，现在都没人看了。"

另外，提线木偶戏能植根贯岭镇民间，成为群众喜闻乐见的剧种，还与启用"麻鼓长"分析剧情，运用融合本地乡民熟悉的谚语、俚语、土语（福鼎话和闽南话）道白有关，群众不但能听懂剧情，还倍感亲切。特别是 20 世纪五六十年代，为配合中心任务，"麻鼓长"更是大显身手，将党的方针政策编成快板、路歌、桐诗（福鼎方言诗）等进行宣传。

提线木偶戏并非福鼎独有，但福鼎提线木偶戏自有其特色：唱用"京调"，说白用"土话"，这在全国绝无仅有。福鼎提线木偶因木偶道具制作精美、表演技法娴熟、艺术风格独特、融合多种传统戏曲手段而享有盛誉。2008 年 8 月，福鼎提线木偶戏被列入福鼎市人民政府公布的第一批市级非物质文化遗产保护名录；2009 年 5 月，福鼎提线木偶戏被列入第三批福建省非物质文化遗产保护名录。

随着时代发展，木偶戏团表演空间萎缩，戏班有的解散，有的重新组合，传承谱系纷杂。现在提线木偶戏（贯岭）传承谱系较为清晰的是王氏、李氏两姓的家庭传承木偶戏。

福鼎新莲庆木偶剧团　　李轶卿为李氏一派重要的传承人，为贯岭镇排头村人。他从小跟祖父李敏奏学戏，并得到祖父、父亲的真传，能讲多地方言。他演过传统剧目《断桥》《罢宴》《尤三姐》《李陵碑》《樊江关》等。至 1982 年，他和师弟汪承蓬重新整顿合并原新莲庆、新兴两班木偶剧团，在浙江苍南、平阳、泰顺及福建福鼎、柘荣、古田、霞浦、福安、宁德、罗源等地演出，享有一定声誉。为纪念、传承上辈家传木偶戏艺，他至今保存着世代相传的剧本、木偶头像、古乐器及制作材料，把自己的毕生戏艺传授给儿女李雄存、汪丽萍和侄子女汪月星、汪德徐，为传播传统民间戏剧、当地方言文化发挥了重要作用。

闽浙边界新华木偶剧团　　王德界为王氏一派重要传承人，为福鼎贯岭人，七八岁时便跟从祖父王志逢开始学戏。由于聪明好学，他得到了祖父、父亲王文豹的真传。从木偶前台操作到后台的鼓板、正吹、弹、拉、敲、打，他样样精通。他曾演过传统剧目《小宴》《空城计》《打銮驾》《武家坡》《二进宫》和现代样板戏《智取威虎山》《沙家浜》《红灯记》等。1982 年，他在福鼎登记成立"新华木偶剧团"，把几十年的家产全都投入戏班的行头建设里。因演艺水平高，他在闽东、浙南声名鹊起。为了扩大演出市场，他在 2000 年至 2003 年间办起车载舞台，在浙江苍南、平阳、泰顺、文成、瑞安、温州、台州，福建福鼎、柘荣、霞浦、福安、宁德、厦门等地演出。他还掌握有多种不同地区的方言，常在演艺时利用方言道白进行表演，每到一地，都受到当地群众的热烈欢迎。

贯岭布袋戏

马玉珍

布袋戏的历史相当久远。据《武林旧事》《东京梦华录》记载，宋朝宫廷宴会的礼单中就曾有掌中木偶戏。不过，就现今被人熟悉的传统布袋戏而言，该戏种起源于一则来自泉州的传奇故事。

传说明朝期间，有位屡试不中的秀才梁炳麟，在福建仙游县九鲤湖仙公庙祈求高中时做了一梦。梦中，一位老人在他手上写下"功名归掌上"后离去。梁秀才醒后非常高兴，以为是及第的吉兆，不料该次应试又名落孙山。失落之余，他开始向邻居学习悬丝傀儡戏，并发展出直接套在手中的人偶。梁秀才文学修养高，出口成章，又能引用各种稗官野史，吸引了很多人来看表演，布袋戏很快在当地风行起来，梁秀才的

贯岭布袋戏（贯岭镇政府 供图）

名声也跟着水涨船高，此时他才领悟了"功名归掌上"这句话的内涵。

据贯岭西山村布袋戏老艺人张孙双说，布袋戏在清同治十三年（1874）传入福鼎。他于20岁拜前岐镇洋村人王烈怡学艺，现已75岁。他一个人能演几十个布袋木偶剧目，如《八角金牌记》《百花台》《天乐寺》《三世姻缘传》《正德下江南》《穿金扇》《天海山》《黑虎山》《金剪刀》《狸猫换太子》《说岳》《白蛇传》等。布袋戏的主要表演道具是布偶。布偶的头用木头雕刻成中空，除偶头、戏偶手掌与足部外，布袋戏偶的躯干与四肢都用布料做成。演出时，艺人将手指套入戏偶的服装进行操偶表演，偶身极像"用布料做的袋子"，因此有布袋戏之称。布袋戏称谓最早记载见于清嘉庆年间刊本《晋江县志·风俗志·歌谣》："有习洞箫、琵琶，而节以拍者，盖得天地中声，前人不以为乐操土音，而以为御前清客，今俗所传弦管调是也。又如七子班，俗名土班，木头戏俗名傀儡。近复有掌中弄巧，俗名布袋戏。演唱一场，各成音节。"

布袋戏演出设备简陋，用帷幔围住桌子就成了戏台，里面却是"五脏俱全"：一边挂着小钹、板鼓、盖头板等打击乐器，一边挂着刀、枪、剑、戟等演出道具，下边挂着脚锣。戏台的正面两边各开一个小小的虎度门，供艺人双手伸出去操纵木偶。正中天幕是一面镂空的木板屏风，艺人可从空隙看到自己的双手动作和台下观众。屏风后面是一个"化妆间"，分两行，挂满各种行当的布袋木偶头。上边是小丑、梅香（丫鬟）、兵卒等次要行当，下边是大花、老生、二花、小生、小花旦、武生等主要行当。左右两边各挂两个急用的"布袋"。艺人坐在帐后的戏担上，口动、手动、脚动，忙忙碌碌地演一出戏。所有的设备，包括乐器、布袋、木偶，只要两个箱子就可装下，一个人一条扁担就可挑起一个"戏班"，故又被称为"扁担戏"。

贯岭布袋木偶戏的特点是用手指直接操纵偶像进行表演。动作节奏明快，迅捷生动有力，人物活灵活现，栩栩如生。一方小戏台，内坐一个艺人，操纵数十个小木偶，演出时艺人手、脚、嘴并用，边演奏乐器，边执戏偶表演，一个人自问自答，不断用"变音"表现不同人物的不同唱腔和说话声音，逗、捧、说、唱声情并茂、妙语连珠、诙谐幽默，具有浓郁的生活气息。这种独特的表演形式在民间流传数百年，在全国同类艺术中极为罕见，堪称中国木偶戏的活化石。"一语道出千古事，十指搬弄百万兵"，这是布袋戏戏棚上的一副对联，也是对布袋戏最为形象的写照。

贯岭布袋戏对表演有着严谨的规范和要求，每个行当的基本功都非常精细。由于单人表演多角，演出时，艺人需把多个小木偶套在指头上操作表演，十个指头忙得不亦乐乎。戏中角色手舞足蹈，俯仰摇摆，舞刀弄枪，翻腾跳跃，全在于艺人的掌上功夫，扮才子佳人情意缠绵，演武打争斗扣人心弦。艺人还根据剧情的需要，模拟所表演的角色行当，唱、念、道白，生、旦、净、末、丑全在一张嘴上，可谓是"台面千军万马，里面一个人演戏"。第五批宁德市级非物质文化遗产布袋戏项目代表性传承人梅传贤，从小拜师学艺，并经过严格的训练，全面掌握了各种行当表演程式的基本功。他对各种类型的剧目表演都有过硬的功夫，特别是表演抒情性文戏，对公子、小姐、男女丑角的表演更是丝丝入扣，点点带情。

贯岭布袋戏的另一个显著特色是唱腔以闽南话为主，汲取南北两派腔调精华，分出轻、重、缓、急、吞、吐、浮、沉等各种音调，与流行于福鼎的民间曲艺嘭嘭鼓很相似。再辅以福鼎方言（桐山话）的道白叙述人间悲欢离合，剧情更加通俗易懂。

语言艺术方面，贯岭布袋戏恰如其分地运用口语化的群众语言，通过艺术化的处理，使其变成个性化的人物语言，特别是丑角人物的插科打诨、语言交锋，风趣幽默，生动活泼，入情入理。

贯岭布袋戏现存《绿牡丹》《杨家将》《岳飞传》《三侠五义》《万花楼》《雌雄梅花剑》《十把川京扇》等30多个剧目。

布袋戏是一代人的印记，它凝聚了传统戏曲的精华，以通俗易懂的唱腔展现了一段段精彩的历史故事，演出了一段段脍炙人口的佳话，被誉为"闽浙绝活"。布袋戏在贯岭镇一直广为流传，重大节日时，村民们还会请戏班子到村里古戏台进行演出，布袋戏亦深受群众喜爱。

贯岭生礼制作技艺

　　🍃马玉珍

　　农忙过后，尤其到年关岁首，贯岭镇各地的"做福"和祭祀活动显得尤其活跃。这与贯岭镇地处闽浙边界的特殊地理位置及多信俗有关。

　　"做福"伴有祭祀的一些礼仪，在贯岭镇主要表现为请道教或佛教师父做法事，时间一般是1—3天。组织"做福"仪式的福头和诸理事们，头等大事就是备好祭祀的供品。在民间，祭祀神明和祭祖活动对祭祀供品数量、处理、摆放、禁忌等方面都有很高的要求。

　　祭祀供品在民间叫作"生礼"，因祭奉的礼品不能煮熟，还是"生"的，故称。

供品制作（贯岭镇政府 供图）

贯岭镇与浙南相邻，五代十国时筑有分水关隘，宋以后，中原、福建西南移民也曾多次迁入闽东、浙南等地，苏杭艺人纷纷迁徙浙南、闽东山区，带入不少的民间艺术和生活习俗，民间生礼的传统制作技艺也一起传入。

大规模的"做福"或祭祀活动所需生礼要请本地传承人制作，供品名称源于历史传说、典故或古代演义中人物的名字，如"西伯侯吐（兔子）""姜太公钓鱼""雷震子唐关救父""鲤鱼跃龙门""凤凰朝阳""陈靖姑脱胎"等。

生礼制作程序主要为：选料—造型（插铁架）—定型（烹煮）—布型（装盘）—成型（挂网纱油、红或白线、树枝叶）。贯岭松洋村传承的民间生礼传统制作技艺，是技艺传承人易会意曾祖辈于清末从浙江水头迁入贯岭镇松洋村时带入的。该技艺以供品选料考究、制作工艺精湛、制品形象生动而备受民众好评，体现了较高的技艺水平。

据易会意介绍，生礼传统制作选料考究，所选用的猪肝、猪肺、猪肚、鸡、鸭等讲究品相完整、重量适宜。独特的传统制作工艺需要一定的功底，一般要从师三五年才能掌握并制作出一套完整的生礼。以"鲤鱼跃龙门"为例，其制作程序步骤首先是选料整理，选用 1 公斤左右、体态完整的鲤鱼两条，从鱼鳃处取出内脏后，清洗干净，保持整条鱼体态完整。造型阶段，用泡发好的香菇从鱼鳃处放入鱼腹中，入满为止。定型阶段，备好两根铁架，用特制铁架从一条鱼尾部插入，穿过鱼身直至头部，用另一铁架从另一条鱼头部插入，穿过鱼身直至尾部，使两条鱼呈上下翻跳状。整形阶段，如用红鲤鱼制作，以保持原红色为佳；如用其他颜色的鱼，需用红色食用染料，把鱼染成红色。最后配景成型阶段，用粉丝披挂鱼身（敬神挂红线，祭祖则挂白线），装礼盘，盘内用各种青菜或小叶树枝点缀，这样，"鲤鱼跃龙门"就算全部完成了。

贯岭生礼制作技艺在研究闽浙边界民俗文化，促进宗族村内交往，维系社会和谐稳定等方面起到了很大的作用。近年来，在政府与传承人的共同努力下，生礼制作技艺显示出较大活力，在重大节日和祭祖仪式中焕发出新时代的魅力。2012 年，贯岭镇松洋村较为原始的手工制作"祭祀供品（生礼）制作技艺"被列入福鼎市级非物质文化遗产保护名录。

贯岭嘭嘭鼓

🌿 马玉珍

　　嘭嘭鼓又称"蓬鼓""渔鼓"或"嘭嘭咚"，是一种独具特色的曲艺形式，因击鼓嘭嘭作响而得名（民间也有叫作"牡丹花调"）。嘭嘭鼓源于唐宋时期，在明代得到发展，于400多年前自闽南一带传入贯岭。之后，嘭嘭鼓与中原地区传入的道情、渔鼓艺术融合，形成了独具特色的"贯岭嘭嘭鼓"。

　　传统嘭嘭鼓主要在街头表演，一人一鼓一拍，看似简单，但又极为讲究。嘭嘭鼓的表演道具单一，仅为一筒一拍，但选材和削制还是有讲究的。鼓筒选用多年生面阳长势笔挺的毛竹，立秋后砍伐置阴凉通风处阴干，再截取长80厘米至100厘米、内径5厘米的竹筒，刮衣中通，将两端修整平滑，再浸泡于石灰水中以消毒防蛀裂。"一只鼓的好坏，往往取决于鼓面。"嘭嘭鼓艺人郭承小说。嘭嘭鼓的膜一般采用猪脊膜，也有人选用鸡嗉囊。从猪板油（猪脊）上撕下薄膜，刮掉油脂后，撑开晾晒、风干，再用水软化，剥离剩余油丝，重复两三次才能得到一张薄而韧的鼓面，击打时脆响而余音不绝。鸡嗉囊俗称鸡龟，是鸡食管下方储存未进入消化系统食物的袋状食囊，制作时最好选用家养多年土公鸡的囊，截留两端食管寸许，掏出洗净内储之物，用细线扎住一端，从另一端用管吹气，使之鼓胀后扎紧，置阴凉通风处晾干。鼓筒、覆膜制作完成后，还需制作一段由宽约3厘米的竹篾编成的套圈，用于连接筒身和膜囊。套圈内径需比鼓筒外径略宽，用棉布条捆扎。蒙膜时需剪取一块20厘米见方的干猪油膜或一个已剪开的干鸡嗉囊，居中蒙于鼓筒上端，拉紧绷严，套上套圈，用中指和无名指击叩试音，待闻得清脆悦耳的嘭嘭声时，嘭嘭鼓即制作完成。

　　贯岭嘭嘭鼓表演技法颇有讲究，由一人单独（也可多人同台）说唱，生、旦、净、末、丑均通

嘭嘭鼓表演（贯岭镇政府 供图）

过一个艺人的一张嘴来表现，伴奏乐器只用一鼓一拍。艺人演唱曲目时，端坐于高台之上，将竹筒斜放在左膝上，以左肘护住，左手拇指和中指、无名指捏着一对竹片打节拍以助气氛，右手拇指按住竹筒下端，其余四指以击、滚、抹、弹（四指同时拍击称"击"，四指连续交替单击叫"滚"，四指击鼓止音是"抹"，四指屈指连续交替击弹为"弹"）等指法有节奏地拍打蒙皮，发出"嘭嘭"伴奏之声，鼓声响亮，板声清脆，曲调高昂雄浑，尾声悠长传神，别具韵味。有时一个表演者要担当生、旦、净、末、丑等所有角色。根据剧情需要，表演者用声音、表情或形体动作扮演各种人物，做到一人多角，具有角色进出的灵活性。"根据生、旦、净、末、丑不同角色，艺人要配合不同的感情和声音。"梅传贤举例，如演绎包公等老生形象，需刻画出威严感，声调下沉，从腹部发声；旦角以喉发声；净角通过脑腔共鸣；丑角则最为轻松，可自由发挥，演出诙谐感即可。

贯岭嘭嘭鼓唱词较为工整，唱腔高亢明快，淳厚质朴，韵律悠扬，节奏优美。唱词基本为七字句，押韵不严格，文字平实，语句通俗易懂，用闽南方言演唱。有时为了表达某种特定的情调和氛围，也间以五字句或十字句。七字句中又以四三分逗形式分节演唱，由上起、下落两个乐句构成一段。叙事方式上有顺叙、插叙，构思技巧上有伏笔等手法，还将心理描写、人物塑造、叙事抒情等手法进行有机结合。

贯岭嘭嘭鼓唱本内容丰富，传统曲目和现代曲目相结合，推陈出新。除了《薛仁贵征东》《梁山伯与祝英台》《绿牡丹》《杨家将》《万花楼》《五虎平西》《七剑十三侠》等100多个传统曲目外，还有如《采茶诗》《城乡建设新面貌》等现代曲目，和一些赞扬好人好事、劝人戒赌戒毒，以及歌颂党、宣传时事政策的自编唱本。"我们将现代生活融入曲中，先后创作了《宣传党的十九大》《槟芋诗》《新思想我来讲》等作品，以曲化人。"在贯岭嘭嘭鼓传承人林元献看来，嘭嘭鼓传承得以继续，内容的与时俱进功不可没。

贯岭嘭嘭鼓对于我们研究古代说唱艺术的曲目变化、基本形态、传承嬗变和贯岭民俗风情具有重要的学术价值。但随着市场经济的发展，不少艺人改弦易辙、另择他业，年轻人，不愿学习嘭嘭鼓，再加上对传承人的素养要求高，嘭嘭鼓面临传人缺乏、从业人员少的困境。所幸各级部门高度重视关怀嘭嘭鼓文化，相关道具及部分史料得到保护。相关部门为此制订了五年保护计划，设立嘭嘭鼓传习场所，为嘭嘭鼓曲艺爱好者提供了交流和传承平台。

现如今，福鼎嘭嘭鼓已被列入宁德市第五批非物质文化遗产保护名录，王光财等传承人与"理论宣讲轻骑兵"等人在城乡设置舞台，嘭嘭鼓从此登上了大雅之堂。

文兴逢盛世，百花喜迎春。我们相信，嘭嘭鼓这朵传统曲艺奇葩，一定能绽放出更加鲜艳夺目的光彩。

附：嘭嘭鼓自编唱本二首

提倡新风俗，破除旧陋习

板子打起闹吱吱，嘭鼓一响说稀奇。

民俗曲艺传世宝，请听一段嘭鼓诗。

学习贯彻党精神，移风易俗进万家。

陈规陋习要改正，提高全民的生活。

城乡文明共行动，厉行节约理真通。

酒宴新办节约省，留下金钱孝爹娘。

大操大办惹人厌，不讲排场不比攀。

结婚不雇豪车队，简办宴席不铺张。

嫁娶双方同城庆，同日合并办酒席。

规模不超二十桌，每桌不超两千八。

提倡操办单餐酒，这种规定有理由。

人数不超十五桌，礼金礼品莫乱收。

不是亲属不邀请，条条规矩讲人听。

酒包不超五百元，外人不当自亲戚。

其他宴请和喜庆，不受礼品或礼金。

人数最多八条桌，大办铺张是不行。

一桌不超两千八，无钱人家好计划。

烟酒百分三十配，不用礼物给人拿。

等等喜事要俭办，诞寿满月和乔迁。

喜庆活动能则免，注重文明与内涵。

一束鲜花情留香，一条微信如见容。

一声问候来祝福，一杯清茶透心凉。

营造文明好环境，生活和谐美家庭。

树立社会新风尚，国泰民安百业兴。

这段诗词无虚言，移风易俗唱团圆。

新的风俗真正好，听众多多去宣传。

栀乡贯岭说孝道，民俗曲艺唱孝廉

合：中华文化五千年，忠烈礼义孝为先。

　　挖掘古曲书四句，传扬孝廉诗七言。

女　天地重孝孝当先，一个孝字全家安。

　　为人理当孝父母，孝敬父母如敬天。

男　解字说文书为凭，教民追孝诵廉经

　　贤人一语胜百句，良言一句值千金。

女　孝子能把父母孝，下辈子孙照样还。

　　自古忠臣多孝子，君选贤臣举孝廉。

男　多少的人不知孝，咋知孝能感动天。

　　福禄全因孝字得，贤孝行走天地宽。

女　为官从政廉为本，一视同仁尽为公。

　　爱国热情忠于党，孝廉文化世间扬。

男　百善孝先自古言，从政清廉世上传。

　　为人良善明理事，为官清正重孝廉。

女　孝子贫穷终能全，不孝虽富难平安。

　　孝字传家孝是宝，孝字门高孝路宽。

男　人生五伦孝为先，孝廉并举理当然。

　　为人子女应孝顺，不孝之子罪逆天。

女　弘扬孝廉的文化，融入干群的生活。

　　传统美德世代传，和谐社会乐开花。

男　宣传孝廉新诗篇，重孝颂廉记心田。

　　多多行孝人称赞，廉洁无私美名传。

女　当初古人廿四孝，美名流传记心头。

　　现今新的廿四孝，继承传统世间留。

合：中华孝道遍天下，廉政为民为国家。

　　小孝持家家和睦，清廉执政万民夸。

邦福白鹤拳

郑必桑

　　浙江平阳麻步温氏自清嘉庆年间迁徙贯岭邦福，由浙江方七娘于清顺治年间首创的白鹤拳随温氏从麻步传入邦福，迄今已历 200 多年。

　　温氏族人入闽以来，习练白鹤拳法不辍，鼎盛时期如 20 世纪 90 年代，习拳者逾 400 多人，并以邦福为中心辐射周边乡村，成为当地群众喜闻乐见的体育健身项目，和当地庆典活动的主要展演节目，是颇具地方特色的传统文化遗产，现已被列入宁德市级非物质文化遗产保护名录。

白鹤拳传授（温从军 摄）

邦福白鹤拳目前主要传承人为温从轮、温从军、郑芳候、温从权等。其中，尤以温从权为代表。温从权年逾不惑，自幼习武，深得白鹤拳要义，年轻时曾上湖北武当山拜师求艺，经三年潜心研习，得全真派真传。

　　白鹤拳法源于浙江，盛于福建永春，是我国传统武术的重要组成部分，亦是我国武术文化遗产中的瑰宝。清康熙年间，方七娘与其夫曾四回永春，住在永春西门外后庙辜厝，在那里广授门徒，后人称为"曾武馆"，白鹤拳就此传入永春，历经前永春名师曾四、"二十八英俊"、"前五虎"和后永春名师白戒、"后五虎"等几代人。白鹤拳是一种对抗性拳法，练习白鹤拳有修身养性的作用。白鹤拳流派与旁支新拳种主要有宗鹤拳、鸣鹤拳、飞鹤拳、食鹤拳等，拳法有拳母、花拳和拌拳之分，共有 56 种套路。它以"八路拳"为主，"三正"为基础，"三变"为基本功，三者在鹤法拳中相辅相成、缺一不可。自清康熙至乾隆百余年间，白鹤拳在福建省内外广为传播和交流，不断吸收，总结提高，大大地丰富和发展了自身的技术和理论内容。白鹤拳在发展中成为一种攻防意识强、健身价值高又具观赏性的拳法，深为广大人民群众所喜爱。

贯岭

贯岭传统节俗

✍ 许　峰

逢年过节，贯岭家家户户都会以大同小异的方式庆祝节日，其中大部分仪式都植根于乡土社会中的农事传统，反映了人们对家庭团圆以及未来美好生活的期盼。

正月初一

正月初一，是年节中最重要的节点，是新一年的开始。隋代杜台卿《玉烛宝典》记载："正月为端月，其一日为元日，亦云正朝，亦云元朔。"因这一日是第一个朔日，故又称"元朔"。

聚财　俗传正月初一为扫帚星的生日，百姓认为这一天不能动用扫帚，否则会把扫帚星引来，招致霉运。大年初一不动刀、不泼水、不扫地、不倒垃圾，称"聚财"，也称"积福"。人们认为，初一是开年的第一天，第一天只吃不做享清福，以后就会天天享清福，故家家户户都会在大年初一之前就将家里的卫生打扫干净。

拜年　拜年是春节里的一项重要活动，即到亲朋好友、街坊邻居家里祝贺新春。人们通过拜年互相表达美好的祝愿和问候。

初一的早晨，贯岭百姓便串门互相道贺，送上"新年好"等美好祝愿。初一拜年以拜访长辈和左邻右舍为主，一般不出远门拜年。上年年底，主人家一般会提前准备好瓜子、花生、水果、糖果等日常食品以迎接亲戚朋友的到来，还会炒一些米粉、白粿招待客人。在正月初一的早晨，摆在贯岭每个家庭餐桌上的第一道主食就是糖水煮白粿，老人说吃上一口糖粿，这一年的生活就会甜甜蜜蜜，十分幸运，每个人都要尝上一口。白粿作为贯岭春节特色的节令美食，表达了贯岭人民热爱生活，对美好生活的向往和追求。从正月初一至正月十五，不论是家庭聚会，还是请客吃饭，必上一道白粿，以带去主人美好的祝福。

回娘家　在我国很多地区，正月初二都有已婚女儿回娘家过年的习俗。女儿回娘家，女婿陪同媳妇回女方的父母家拜年，以报答父母的养育之恩。俗语道："初一外甥瞧舅忙，初二闺女回家乡。"在贯岭，女儿回娘家不一定非得在正月初二。溪底村村民认为，正月期间，女儿带夫婿、孩子回娘家的日子不可随便，尤其是新婚第一年的夫妇，一定要择良辰吉日。回娘家十分讲究，新婚夫妇走娘家不能空着手去，需带伴手礼，以表示孝敬。在村民们看来，单数代表不吉利，故回娘家时携带的礼物或礼金要成双成对。除此之外，娘家不能将礼物全收下，待女儿回夫家时，还要再回一部分，以体现对婆家的尊重。

演提线木偶戏　　农历正月初一至正月十五期间，贯岭镇各个村的热心人便开始张罗着请外面的戏班子到村里来唱戏。春节期间的提线木偶戏演出不仅是为了消遣娱乐，丰富正月里的文化生活，增加过年的热闹气氛，还因为村民们相信这么做有除邪保平安、祈丰收的美好寓意。演出的费用由村里各家各户自愿出资筹集。戏班子在春节期间是最抢手的，几乎每个村子都会邀请他们去唱木偶戏。所以，戏班子一到春节就会变得格外忙碌，奔波于各个自然村轮流做戏，光一个自然村就要做上好几天。好在提线木偶戏道具轻便简单，四五名艺人也可组成一个戏班子，便于流动演出。除了演木偶戏，村民们也会邀请舞龙、舞狮队伍前来表演，图个热闹，祈个吉祥。

庙会　　庙会也是贯岭百姓春节期间的一项文化民俗活动。初一至十五期间，人们除了在家里点香祈福外，还会自愿集资去宫里做法事，以保佑本村和家人平安、丰收。法事通常持续两三天，村里的热心人往往会主动包揽此事，并上各家各户集资。宫里做起了法事，村子里就热闹了起来，大家陆续前往宫内祈福，即便是没有出资的村民，同样可以参加仪式。

舞狮

元宵节

元宵节，又称"上元节""元夕"，为我国民间传统节日之一。在这一天，贯岭镇的村民主要的活动有吃元宵、猜灯谜、点香放炮。

元宵节是全家团聚的日子，因此，这一日的活动都围绕"团聚"这一核心主题展开。早上起床后的第一项活动就是吃元宵，元宵代表了团团圆圆，寓意生活吉祥如意。此外，村民们在这一日需点烛烧香、燃放鞭炮。烧香主要分宫庙烧香和自家门前烧香两种方式，无论选择哪一种，一天早晚都需各烧一次香。

二月二

对老百姓而言，农历二月初二是非常重要的日子，人们认为这天是苍龙"登天"之日，俗称"龙抬头"。

二月二的习俗大约从唐朝开始，最早的记载见元代熊梦祥在《析津志》："二月二，谓之龙抬头。五更时，各家以石灰于井畔周遭糁引白道，直入家中房内，男子、妇人不用扫地，恐惊了龙的眼睛。"贯岭人过二月二的主要民俗活动有"剃龙头"和吃芥菜饭。

剃龙头　民谚说"二月二剃龙头，一年都有精神头"，借龙抬头这一吉时，贯岭各村村民给家中小孩子理发，预示求得一年好运，也包含了父母对小孩子的期望，希望孩子能健康成长，长大之后出人头地。

吃芥菜饭　吃芥菜饭，当地方言称"盖菜饭"。二月二吃芥菜饭是古老的传统，贯岭老百姓口中广泛流传这样一句话："吃了芥菜饭，一年不会生疥疮。"芥菜饭，顾名思义，是以芥菜和米为主要原料制作而成的一道美食。芥菜品种和类型繁多，有根用芥菜、茎用芥菜、叶用芥菜、苔用芥菜等，在我国南北方均有种植。芥菜营养价值高，经常食用能够提高自身免疫能力，增强抵抗力。贯岭人常用叶做芥菜饭，芥菜饭色泽鲜亮、口感嫩脆。

清明节

清明节，古时又称"踏青节""祭祖节""扫墓节"等。清明兼具自然与人文两大内涵，它是二十四节气中表示物候的一个重要节气，有天清气朗、草木繁茂的意思，又是我国民间传统祭日，与中元节、寒衣节并称为中国三大"鬼节"。清明节俗丰富，扫墓祭祖与踏青郊游是最重要的两大礼俗。

扫墓祭祖　中华民族自古就有礼敬祖先、慎终追远的礼俗观念，"慎终追远，民德归厚矣"。这天一早，村民们背上锄头、畚斗，带好供品祭品至祖宗坟头祭奠。清扫墓地是第一项仪式。所谓扫墓，便是要将不利于墓地的东西及时清理。在贯岭人看来，坟头的杂草对家族成员的运气和健康均有不利的影响，必须清扫。清扫完毕后便是祭祀，村民们将随身携带的酒食果品恭恭敬敬、整齐有序地供奉在祖先坟前，再燃烛焚香，双手合十叩拜，以表示对祖先的"思时之敬"。待香快要焚尽时，焚烧纸钱。最后，在祖辈坟地燃放鞭炮，告诉祖宗子孙后代来看望老人家了。除了祭祀自家祖宗外，还要燃点香烛，奉香给看管墓地的山神土地。

分墓饼　祭祖仪式完毕后，主人家还有分发墓饼的习俗，这一习俗在贯岭已有几百年历史。在村民们看来，墓饼的作用主要有两种，一是上坟人自带的点心，二是为了感谢分管墓地的山主的照应。分墓饼这一仪式很有讲究，必须要在完成扫墓的各项事宜，收拾好所有东西后举行。主人家通过两次鸣炮向村民们发出本家即将分发墓饼的信号。第一声鸣炮是在主人家上坟时，随着鞭炮声，附近村民闻声而来，生怕因来迟了错过分墓饼；主人家完成扫墓后，打响二通鞭炮，以告知村民正式分发墓饼。通常来说，扫墓的人并不急于分发墓饼，而是等人差不多了后才开始分发，究其原因，是因为主人家想让更多的人得到他家的墓饼，分发的墓饼越多，象征着为自家带来的好彩头越多。

吃鼠曲粿　"民以食为天"，在清明节这天，全国各地都会食用一些比较特殊的美食，贯岭人在这个节气里最具仪式感的节令美食是鼠曲粿，故又称"清明果"。它是以鼠曲草和粳米为主要原料制作而成，具有祛痰、止咳、平喘等功效，这从福鼎人对鼠曲粿"时节做时粿""时令防时病"等说法中便可窥见。

端午节

每年农历五月初五为端午节，俗称"五月节"。贯岭并不是家家户户都在农历五月初五当天过端午节，也有以农历五月初四为端午节的。尽管人们选择过端午的时间有所差异，但是端午节的习俗却大同小异。清嘉庆《福鼎县志》曾记载端午习俗，各家"门悬蒲艾，裹角黍，祀先，遗所亲。饮菖蒲雄黄酒，并酒房室。小儿佩雄黄囊，以末涂耳鼻，云辟百毒；用五色线系臂为续命缕，至七夕始解弃之。旁午，采蓄药物为午时草。数日内，尤尚龙舟竞渡"。贯岭人过端午节的主要习俗有祭祖、包粽子、插艾叶、挂香囊、洒雄黄酒、食薄饼等。

祭祖　溪底村有着端午"初五不过初四过"的习俗。对于溪底村村民而言，端午节不仅是纪念屈原的日子，也是村民纪念溪底村先祖的日子。而在祭祖习俗上，以透埕百井坵自然村尤为特殊。通常别的村子都是中午祭祖、中午吃饭，但这里是下午

156

祭祖、晚上吃饭。百井坵端午节的祭祖以集体祭祖为主，祭祖地点在宗族祠堂内。这一天，在外务工的子孙都会赶回家乡缅怀先祖，参与祭祖。来这里祭祖的子孙后代需携带酒食果品、香烛纸钱、鞭炮等。焚烧纸钱的炉前需摆上一张又一张四方桌，将四方桌均匀摆放在一起，并在四方桌上整齐有序地摆放好供菜后，燃香祭拜祖宗。上香以轮流的形式，先到者先烧香。一般等香燃尽就宣布仪式结束。

包粽子　旧时，每逢端午来临之际，贯岭家家户户便陆续开始包粽子，以迎接端午节的到来。在贯岭，端午节有一种名为"头年粽"的特殊粽子。新婚夫妇结婚的第一年，女方娘家要在端午节前给男方家送"头年粽"。因"粽"与"种"音相近，娘家选粽子作为端午重要礼物送给女儿，希望女儿早生贵子，蕴含着娘家对女儿女婿的美好祝福。女儿收到礼物后，按"10个媳妇粽、2个枕头粽"为一份，及时送给亲朋好友和左邻右舍，让他们来共同分享这份美好的祝福。

插艾叶　端午节门前插艾叶，如清明插柳、重阳插茱萸一样，是我国民间盛传已久的风俗，至今仍在贯岭各村延续着。端午时节，贯岭的村民们将艾草捆绑在一起，插在自家大门上。艾叶具有芳香气味，可驱逐蚊蝇、清洁空气、消除病毒，能起到辟邪、防病、保安康的作用。

洒雄黄酒　旧时端午节在贯岭民间被视为是一个不吉利的日子，故有"破五"（泼污）之习。家家户户要清洗门户，在房前屋后洒上雄黄酒。午餐吃粽，喝雄黄酒，意思就是泼掉秽气，以避邪恶。

吃薄饼　薄饼，作为贯岭有名的特色小吃，是端午节餐桌上一道必备的节令美食，好像不吃薄饼，这个节就少了一点该有的味道。薄饼皮由面粉和水搅拌成糊状后，在平底锅中摊开制成。各家薄饼内的馅料各有千秋，其中必备的有肉丝、韭菜、豆芽、胡萝卜、香菇、鸡蛋等，将这些菜料铺在薄饼上，卷成圆筒状，吃的时候蘸着蒜头酱、醋，一口咬去，满嘴香喷喷的。

乞巧节

农历七月初七为"乞巧节"，也称"七夕节"，是中国的传统节日之一。传说这天是喜鹊飞架鹊桥让牛郎织女一年一度相会的日子，即七夕相会。贯岭人在这一天都会吃一种特殊的饼——七夕饼。七夕饼是由外公外婆送给外孙的，表达外公外婆对小孩子的美好祝愿。七夕饼带薄荷味，喷香可口，因其形状如拇指，在贯岭又叫"拇指饼"，是福鼎特色面食糕点。

七月半

农历七月十五为我国传统节日中元节，俗称"鬼节""七月半"。七月半为祭祖日，家家户户会准备好茶酒果品、香烛银锞、纸制冥物等祭奠先祖。各家各户过七月半的时间不尽相同，有的人家选择农历七月十三，而有的人家选择农历七月十四。但祭祖的形式都是差不多的。旧时，村民要烧香把自家祖先请回家，在桌案上将蜡烛、香、茶酒供品整齐摆放，随后家里的老小按辈分从长到幼依次祭拜祖先。

贯岭流传有一句俗语："女孩子，年不看，节不看，就看中秋七月半。"意思是说，在其他的岁时节日上，都是女儿家孝敬娘家，但是在七月半、中秋这两个节日上，娘家会给女儿家送礼，外婆外公也会给外孙送礼，给予美好的祝愿。

中秋节

农历八月十五为我国传统的中秋佳节，因中秋节的主要活动都是围绕"月"进行，所以中秋节俗称"月节""月夕"。中秋节月亮圆满，象征团圆，因而又称"团圆节"。中秋除了赏月、祭月外，吃月饼是最主要的活动。

送月饼　　中秋送月饼是一种节日的祝福习俗。过去，贯岭当地的月饼不仅可以作为送给亲朋好友的礼物，还在月饼外包装上增加了独特的饼花。每到中秋，属小孩子们最高兴，因为舅舅要给外甥送中秋饼，送中秋饼的时间一般从八月初一开始，至八月初十结束。在这期间，小孩子们还会相互打探各自收了多少的月饼，收的月饼越多越有面子。拿到月饼后，还不能着急吃，需在举行完祭月仪式之后才能吃。祭月仪式通常在晚上举行，是把月饼拿到家门外月亮底下与月相对而照，以表尊敬月亮。除了品尝月饼外，观赏月饼上的饼花也是一种享受。饼花是直接贴在月饼上的。如今，中秋节很少有人送带有饼花的月饼，送现金的比较多。由于贯岭位于福鼎最北边，靠近浙江苍南，两地之间的文化交流融合，使得真正的福鼎月饼也被苍南那边的桥墩月饼所替代。

祭祖祈福　　对于贯岭分水关村来说，八月十五不仅是中秋佳节，更是秋季祭祖缅怀祈福之日。在分水关村，张姓是大家族。张氏祠堂一年有春秋两次祭祖（正月十五、八月十五），有祭祖仪式、祈福活动，规模差不多大小。所有从这里走出去的子孙在这两个时间都会回到这里祭祖。

重阳节

农历九月初九为中国传统佳节重阳节，又称"登高节""老人节"，人们在这一天饮酒赏菊、登高望远，思念亲人。

登高　　贯岭庆祝重阳节的主要习俗之一就是登高。一般是登高山、登宫庙。贯岭重阳节有"九月九，爬高高"的说法。登高主要是为了求吉利，有着避祸消灾、祈求长生不老的美好寓意。

吃九层糕　　重阳佳节期间，贯岭人要吃一种特制的糕点——九层粿。九层粿，又称"九重粿"，民间称其"层层登高"寓意美好，蒸熟后层数多，叠起来像本书。农村自古有尝新的习俗，每年农历八九月新谷上场，妇女们会用新米做不同花样的美食，九层粿由此应运而生，也成了重阳节的节庆食品。

九层粿发展至今，又叫"水粿"和"米豆腐"。过去，每当重阳将近，老一辈的人就开始推磨起灶，洗刷蒸锅，准备制作九层粿。制作九层粿的原料很简单，就是普通的米放在石盘中盘磨，磨出的米浆细腻、油润，同豆浆不分上下，"米豆腐"由此得名。

冬至

冬至，又称"冬节""亚岁""长至节"，既是二十四节气中一个重要的节气，也是中国民间传统的祭祖节日，民间广泛流传着"冬至大如年"的讲法。冬至的早晨贯岭各家各户都要吃汤圆，有俗语"吃了丸子多一岁"为证，意思是说过了冬至，这一年就将过去。从前，不少村民会在节日当天亲手制作汤圆，家中妇女纷纷挽起袖子，揉面团、搓汤圆，随着一双双巧手的搓转，一个又一个白白胖胖的汤圆很快就摆满了桌面。品着自己亲手制作的汤圆，香甜的馅从软糯的汤圆里流出，一直甜到人们的心尖儿。

年关

在贯岭镇，农历腊月二十三"祭灶"后就算进入年关了，这一时段内村民的生活基本都与庆贺春节相关。

过小年　　农历腊月二十三或腊月二十四，是小年，为谢灶、祭灶的日子。在民间，过小年的时间有着"官三、民四、船家五"的说法，意思是说官宦之家是农历腊月二十三过小年，百姓之家是农历腊月二十四过小年，而水上人家是农历腊月二十五过小年。贯岭大多数百姓遵循每年农历腊月二十三过小年的习惯。"祭灶"是小年的核心习俗，也是一项在中国民间影响较大、流传极广的习俗。从全国范围来看，民间以供奉灶王爷为主，但在贯岭，民众供奉灶王娘的居多，也有供奉灶王爷、灶王娘一对的，很少有人单供奉灶王爷。关于灶王娘，当地还流传一个非常有意思的传说。

很早以前，玉帝的小女儿贤惠善良，爱上了一个给人烧火帮灶的穷小伙子。玉帝知道后，十分恼怒，就把小女儿打下凡间，跟着穷小伙受罪。王母娘娘心疼女儿，从中讲情，玉帝勉强给烧火的穷小伙封了个灶手的职位，封小女儿为灶王娘娘。灶王娘娘深知百姓的疾苦，就常常以回娘家为名，从天上带些好吃的给穷百姓们。玉帝本来就嫌弃穷女婿，知道这事后非常恼火，就命女儿只能每年腊月二十三回一次娘家。

第二年，眼看快要过年了，可百姓们还缺吃少穿，有的连锅也揭不开了，灶王娘娘看在眼里，疼在心头。腊月二十三这天，她决心回娘家给穷百姓们要点东西回来。可自己家里也没有粮食，路上怎么办呢？百姓们知道后，便想方设法烙了些面团做干粮，送给灶王娘娘路上吃。灶王娘娘回到天上，向玉帝讲了人间的疾苦，可玉帝非但不同情，反而嫌女儿带回来一身穷灰，要她当天就回去。灶王娘娘气得当时就要走，可转念一想：两手空空，回去咋向穷乡亲们交代呢？正好，这时王母娘娘也过来说情，她便顺势说："不走了，明天我要扎扫帚带回去扫穷灰哩。"

腊月二十四这天，灶王娘娘正在扎扫帚，玉帝便来催她明天回去。她说："催啥哩，眼看快过年了，家里没豆腐，明天我要拐豆腐哩！"

腊月二十五这天，灶王娘娘正在拐豆腐，玉帝又来催她明天回去。她说："催啥哩，眼看快过年了，明天我要制肉哩！"

腊月二十六这天，灶王娘娘正在割肉，玉帝催她明天快回去。她说："催啥哩，家里穷得连只鸡也养不起，明天我要杀鸡哩！"

腊月二十七这天，灶王娘娘正在杀鸡，玉帝又来催她明天回去。她说："催啥哩，路上要带干粮，明天我要烙干粮哩！"

腊月二十八这天，灶王娘娘正在烙干粮，玉帝又来催灶王娘娘明天回去。她说："催啥哩，过年要喝酒，明天我要灌酒哩！"

腊月二十九这天，灶王娘娘正在灌酒，玉帝又来催她明天快回去。她说："催啥哩，我们一年到头连顿饺子也没吃过，明天我要包饺子哩！"

腊月三十这天，灶王娘娘还在包饺子。玉帝大动肝火，要她今天必须回去，而灶王娘娘的东西其实已经准备得差不多了，一直到天黑她才离开家。这天夜里，家家户户都没有睡，都坐在灶火边等灶王娘娘。人们见灶王娘娘回来了，都点起烛、放起鞭炮迎接她。人们为了纪念贤惠善良的灶王娘娘，年年腊月二十三祭灶，腊月三十晚迎灶神。

腊月二十四　　"二十四、扫尘日"，家家户户都要打扫自家环境，清洗各种器具。按民间的说法，"尘"与"陈"同音，"扫尘"有着把一切不吉利、不清洁的陈腐之物一扫而光的意思，表达了百姓希望驱除病疫、祈求新年安康的美好愿景。有趣的是，在福鼎民间，人们习惯将"扫尘"称之为"扫糖"。旧时家家户户都有灶，灶烟筒一年积满"烟糖"，此外厨房也有"烟糖"，要用一支较长的竹竿做"糖把"通烟筒，扫"烟糖"。在"扫糖"的同时，要对家中灶神、祖宗神位的香炉进行清理，拔掉"香脚"，这时小孩往往拿"香脚"来玩，俗称"玩香脚"。"扫糖"之后就可以贴春联、换灶联，烟筒上还要用写着"一团和气"的红纸贴着。

除夕 每年农历腊月的最后一天晚上便是除夕，又称"大年夜""除夕夜""岁除"等，贯岭人习惯称"廿九螟"。这是一年中的最后一天，也是辞旧迎新、万象更新的节日，主要的节俗活动有祭祖、吃年夜饭、守岁等。

祭祀先祖是贯岭人民一项重要的民俗活动。祭祖仪式一般在除夕的下午举行。村中的大姓子孙后代会集中至家族宗祠祭拜列祖列宗，一是不忘根本，有感恩祖先赐予之意；二是祈求祖先保佑后代福祉。抵达宗祠后，各家陆续备办丰盛酒席，并整齐摆放在厅堂前，献给宗祠里的列祖列宗享用。供品的摆放有所讲究，祭祀时供品的种类及数量亦有着严格的规定。案上至少摆放供菜 8 碗、水果 5 种。其中，供菜以猪肉（象征身份地位崇高）、鱼（年年有余）、虾（象征遇事圆满顺畅节节高升）、香菇（象征香火旺盛）、金针菇、豆干等 8 种家常食物为主，水果分别是苹果（象征平安）、橘子（"橘"同音"吉"，象征吉祥）、甘蔗（象征节节高升）等 5 种。族人首先要将供品整齐地摆放在桌案上，请先祖享受美餐。紧接着要点烛上香鸣礼炮，焚烧纸钱元宝，完毕，由家族家长亲自把酒，请祭文师傅宣读祭文，以表达对祖先的崇敬、感恩与认同。酒过三巡，家长率领子孙依次跪拜祖宗，拜毕鸣炮礼成。至于家族祭祖，通常在自家大厅前举行祭祀仪式，其仪式同宗祠祭祀相比并无太大差别。

庙会节俗

◎ 许　峰

庙会又称"庙市"或"节场"，其形成与发展通常和地方的信仰活动有关。每当庙会来临，贯岭人民便展示民俗，一时间提线木偶戏、布袋木偶戏、闽东传统曲艺、嘭嘭鼓等民间艺术异彩纷呈。

二月二土地公诞辰

农历二月初二，是土地公的诞辰，称"土地诞"。这一日，百姓会从家里准备一些祭拜土地公的贡品到土地庙烧香祭祀、开筵设席，为土地公祝寿。贯岭的村民多信仰道教和佛教，每逢神明"生礼"或神明成道日，总有热心的村民组织筹办"吃福酒"。"吃福酒"的地点往往是在相应神明的宫庙内，如二月初二土地公圣诞日，土地宫内会举行"吃福酒"仪式。"吃福酒"实际上就是开筵设席，邀请村民朋友一同为土地公祝寿祈福。"吃福酒"一般筵开七八桌，通常一户人家选一名代表来参加仪式。近年来，"吃福酒"规模越办越大，设宴多达十余桌，热闹非凡。"吃福酒"仪式发展到今日，逐渐演变成村民自发组织联络亲朋好友、同宗同族情感的一项重要活动。

"吃福酒"的主食必选长寿面，它诠释着长长久久、健康长寿。每年的"吃福酒"仪式由当年选定的福头负责组织筹办。当年被选出的福头需购买四季柚，并在每一桌上放置一个。因四季柚与"四季佑"同音，被人们视为吉祥之物，所以贯岭人又将四季柚称为"福头柚""福头包"。在宴会结束前，每桌需有一人自愿认领"福头柚"，当下一年的福头。当选福头的次数不受限制，若某户人家今年收入不错，愿意出资多做好事，就可以参选"福头"。

除了农历二月初二庆祝土地公诞辰外，十月十五也是一个与土地公有关的节日。农历十月十五是"冬收"，又叫"完冬"，此时农事已毕无收种，老百姓会去感谢土地爷保佑村庄这一年里一帆风顺、五谷丰登。

五月十八杨府圣王生辰

杨府爷，是浙江温州一带本土俗神体系中最具影响力的地方神之一，其庙宇遍布，朝拜者络绎不绝。杨府爷最初是护卫渔事的海神，在科技落后的过去，渔民们常借助民间信仰祈求出海平安、渔猎丰盛。因此，杨府爷信仰多集中于海岛、近海或临江之地。福鼎处于闽浙边界，位于沿海地区，海边居民多以渔业生产为主，渔民为表达鱼虾满仓、出海平安的美好愿望，也信奉杨府爷。在他们心目中，杨府圣王是保天下黎民出入平安，佑四季八节风调雨顺的神明，因此非常尊敬信仰。在福鼎民间，杨府圣王宫几乎遍布各个街道村落。

农历五月十八是杨府圣王的生日，为庆祝神明圣诞、保佑渔民平安丰收，各村杨府宫内都会操办"做福"活动。是日，村民们汇聚杨府宫，点香祈福，开筵设席，共同祈求平安，预祝丰收。

六月十九观世音菩萨成道日

贯岭的村民十分信仰观世音菩萨，为尊敬和纪念观世音菩萨，每逢二月十九、六月十九、九月十九这三个日子，村民们必定敬香祈福。

在这三个日子的庆祝仪式中，以六月十九观世音菩萨的成道日最为隆重，信仰者会在这一天吃斋，当天寺庙内亦有专门的厨师为信教徒做斋饭，称为"打斋"，热心的信徒还会在这一天帮忙打杂。

七月初七马仙娘诞辰

马仙娘，又名"马仙姑""马五娘"，唐代建安人（今建瓯一带），另有一说为福宁温麻里马氏女，即今霞浦县人。

俗传马仙娘生于元宵节，故正月十五到马仙宫进香朝拜者云集。然而，也有地方认为农历七月初七才是马仙娘的诞辰，一直保留着盛大的"七月七马仙庙会"活动。在贯岭，大大小小的马仙宫遍布各个村落，在有马仙娘信仰的村落中，当地群众祈盼马仙娘为他们祈福禳灾。

何坑村的马仙宫至今已有200多年的历史，其间经过几次修缮。每年农历七月初七，宫庙内开席设福宴，摆"生礼"，供筵请神，为马仙娘娘庆生做福。福头要做好参与人数、祭礼要求和供品数目等筹备，并严格按规定和要求，举行群众性祭礼活动。何坑村内还有个古戏台，每逢七月初七马仙生日，村内热心人士便会请戏班子到古戏台上做大戏，场面热闹非凡。从前庙会的时候还会有傩戏表演，现已失传，现今主要做的戏种有提线木偶戏、布袋木偶戏和闽东传统曲艺等。

三月三与尝新节

陈　林

茗洋大岗头和邦福杨梅垅自然村以畲族同胞为主，保留着畲民族的风俗习惯。三月三和尝新节是其中的代表。

三月三

农历三月初三是一个集歌会、吃乌米饭等活动于一体的民族节日，又称"乌饭节""对歌节"。"三月三"具有鲜明的民族特征和浓郁的乡土气息，畲族人民会以特别隆重的方式庆祝该节日的到来。是日，歌如潮，人如海，场面壮观热闹。

"三月三"主要习俗是唱畲歌与吃乌米饭。畲歌内容丰富，形式多样。畲族人民在长期的劳作实践中，把生产、生活的实践经验和认识提升成朴素的语言，并用传唱的形式把它传承下来。除了唱畲歌外，畲民会在这一天做乌饭、赏乌饭、品乌饭，以纪念畲族民族英雄雷万兴。作为节日食品，乌米饭不仅是一道美食，还是一群人、一座城的生活习惯，更是一种代代相传的文化。

尝新节

尝新节，俗称"吃新节"，是畲族同胞为庆贺农业丰收并祈福来年五谷丰登、风调雨顺而举行的传统农事节日，通常在每年七八月份稻谷丰收之后择吉日举行，是古老东方农耕文化发展的缩影。

新的稻谷丰收之后，村民们必先祭拜天地以表感谢，新收稻谷在没祭拜天地之前是不能拿来吃的。村民们一般会将碾好的米拿回家放在高处，放得越高表示对神越敬重。稻米煮熟之后，要盛满满一大碗，将其放在露天的地方，恭请上苍和大地尝新，表达对老天爷的敬畏以及对美好生活的向往，企盼风调雨顺、五谷丰登。再点上香和蜡烛，还有的人家会烧大金。祭天地的香燃尽之后，人们才可以吃饭。

尝新是一个有味道的仪式。畲族同胞们通过快活地品尝新登场的劳动果实以庆贺五谷丰登，表达丰收的喜悦，亦通过举行谢祖大典，敬天祭神，期望年年有余，来年风调雨顺。

贯岭祭祀风俗

黄大渊

贯岭镇的祭祀活动一般在清明、七月半、冬至等时间举行。受居住地形和民族习惯等因素的影响，不同宗族的祭祀时间存在差异，祭祀的供品也稍有不同。

祭祖要"做福"祭奉神明，参与人员往往达到几十人，甚至上百人。"做福"伴有祭奉的礼仪，时间一般为1—3天。祭奉礼仪的准备过程需要福头和诸理事们备好供品，供品有着较为程式化的要求，不但有盘数的要求，还有质量、规格及禁忌等方面的规矩。

祭祀的供品在民间叫作"生礼"。2012年，贯岭镇松洋村的"祭祀供品（生礼）制作技艺"，因保留了较为原始手工制作的痕迹，被列入市级非物质文化遗产名录。

透埕村百井坵郭氏逢年过节都要祭祖。一年至少有4个祭祖时间，即端午节、中元节、九月九和春节，祭祖地点在本族宗祠。贯岭镇各村落宗族都有端午节祭祖的习俗，一般都是选择上午祭拜祖先，唯独百井坵郭氏是在下午至晚上祭祖。祭祀时，每家每户都要准备祭品，一般是每家每户6—8盘，什么菜品都有。宗祠正厅前放很多四方大桌，大家都把菜摆上去。在郭氏宗族看来，祭祖活动亦是亲朋聚会的时候，他们会借此邀请亲朋好友前来家中做客。祭祖毕，各家各户回到自家用餐，祭品可以端回家。家中来的客人一般下午五六点开始吃酒席，至晚上七八点结束，有的客人吃完就告回，也有的会留宿。

溪底村当地普遍流传着一个关于祭祖时间变更的传说，整个村落不论陈姓，还是王姓，都有将祭祖日期从五月初五改为五月初四的记忆。据村中老辈人说："我们这儿祭祖一般都在七月十五和五月初四。祖宗刚来的时候，祭祀也是五月初五，但因以前没有桥，祖先就在初五那天坐竹筏去桐山买菜，结果遇到发大水，祖宗觉得初五这天不吉利，就改掉了，改做五月初四了。这个传统已经有200多年了。我们这里祭祖都是在下午，一般下午三四点才开始祭祖，都是在宗祠里祭祖。我们一般拿6个菜，用小碗儿盛，再用篮子提着去，祭祖的时候也要烧香。五月初四这天，外出的孩子们就都回家了。"

宗祠祭祀时，还举行十分隆重的祭文宣读仪式。透埕王氏是贯岭镇几大家族之一，透埕王氏祠堂也是贯岭为数不多的历史悠久的祠堂之一。该家族祭祖时，族内和被邀请的各界代表分别致辞，敬祖祭天，仪式隆重，庄严肃穆。

近年来，贯岭地方宗族为了凝聚族人、互帮互助，开展了诸多新式活动，宗族在成立合族性宗族理事会、宗亲会等组织之时，还积极开展诸多如认族亲、大学生表彰会、关怀扶助残困宗亲等活动。

贯岭现代节庆活动

李辉菲

贯岭镇素有福建"北大门"之称。这里地处闽浙边界,区位优越,交通便捷。近年来,贯岭镇坚持抓好特色农业,夯实群众增收基础,槟榔芋、黄栀子、有机茶三大特色产业主导地位进一步提升。为更好地宣传贯岭风貌,促进贯岭特色农业的发展,展示贯岭民俗艺术风采,同时加强闽浙边界民间传统文化的交流,拓展闽浙边界之间的民间合作,贯岭镇创造出富有特色的艺术文化节,如福鼎槟榔芋文化节、贯岭黄栀子民俗文化艺术节等,旨在加快建设特色突出、工贸发达、红色休闲、和谐宜居的闽浙边界重镇。

槟榔芋文化节

贯岭的槟榔芋可谓家喻户晓,以个头大、质疏松、味浓香著称,可直接做芋泥、挂霜芋、芋汤等美食,也可烘干加工成芋片、芋粉、芋条等佳品。一方水土养一方"芋",贯岭从 20 世纪 60 年代开始便是福鼎槟榔芋主产区。这里水质绝佳、土质优渥,为槟榔芋的种植提供了得天独厚的条件,每年种植的面积达 6000 余亩,年产值上千万元,在市场中独占鳌头。

为祝贺槟榔芋大丰收,进一步打响福鼎槟榔芋品牌,提升福鼎槟榔芋的美誉度,福鼎市农业局联合贯岭镇举办一年一度的槟榔芋文化节,又称"福鼎槟榔芋芋王大赛"。这也是芋农们争相期盼的活动。

槟榔芋文化节一般有四大主要活动。一是对参赛的槟榔芋进行评比,颁奖揭秘槟榔芋最佳品质奖花落谁家,现场观摩获奖槟榔芋;二是举行企业与农户之间的签约仪式,搭建起种植和销售

槟榔芋芋王赛现场(贯岭镇政府 供图)

链接的桥梁，不仅有利于大力发展有机槟榔芋生态种植，焕发传统产业活力，还能进一步提升槟榔芋品牌效应，促进农业增效、农民增收，助推产业精准扶贫；三是贯岭特色本土文化节目表演，如芦笙队演奏、畲族风情秀、民间艺术嘭嘭鼓、精彩绝伦的舞狮表演、民歌演唱、杂技表演、快板表演、山歌对唱、舞蹈表演等，展示贯岭特色民俗文化；四是槟榔芋企业产品及芋品类农家特色小吃展示。

芋王大赛当日，来自福鼎市贯岭、前岐、叠石、店下、硖门、点头6个乡镇的十余支代表队选送槟榔芋样品参与"芋王大赛"，专家评委们根据各代表队参赛芋头的外观、重量、品质等进行现场评判、评选。第五届福鼎槟榔芋芋王大赛中，贯岭镇何坑村芋农张桂凤选送的参赛样品以其5.92公斤的优胜重量及多项出类拔萃品质摘取桂冠，并在当晚举行的"芋王"现场拍卖会上拍出52000元高价。

为分享槟榔芋丰收带来的喜悦之情，来自贯岭闽浙边界民俗艺术团的成员们还会为芋农朋友们带来特色本土文化节目表演。

黄栀子民俗文化艺术节

贯岭有"边贸新城、栀子小镇"美誉。这是一个因黄栀子花而变美的小镇，也是福鼎市黄栀子产业的发源地之一。黄栀子作为贯岭镇传统农业、特色产业，已有六七十年的栽培历史。为挖掘和宣传贯岭镇边界民俗文化，丰富广大农民的文化生活，

文化艺术节上的舞狮表演（贯岭镇政府 供图）

2013年，贯岭镇首届黄栀子民俗文化艺术节以农事习俗展示为重点，"农、文、旅、康"相结合的独特形式亮相，为贯岭艺术文化走出贯岭、走出福建搭建了一个省内外交流平台，进一步提升了贯岭镇的知名度和美誉度。

每逢贯岭镇栀子花盛开之际，黄栀子文化艺术节暨贯岭镇民俗风情展便在贯岭镇隆重举行。艺术节一般持续一周的时间，在大力宣传黄栀子，充分发挥贯岭黄栀子产业的品牌效应的同时，也将贯岭镇的传统民间艺术文化呈现给全国各地的朋友。

文化节荟萃贯岭非物质文化遗产，绽放文化艺术奇葩。"舌尖上的非遗"与"指尖上的非遗"齐聚一堂，让文化体验成为特色营销新模式。说起"舌尖上的非遗"，贯岭地方风味名小吃缸饼、粽子、月饼、水粿、槟榔芋、肉燕、肉片、红龟等让人垂涎三尺。"指尖上的非遗"也同样精彩，温作平木雕、文巧生漆脱胎、温作乾竹雕、张元记茶叶制作展示，精彩纷呈。通过非遗集中展示，更多的人得以近距离地认识非遗、感受非遗。

除了精彩纷呈的非物质文化遗产展示以外，贯岭镇的民间艺人们也纷纷助阵，通过舞台，把贯岭本地嘭嘭鼓、舞狮、提线木偶戏、山歌等风俗民情与中华民族的文化艺术元素紧密结合，为现场来宾带来一场艺术的"饕餮盛宴"，让大家度过一个富有文化味道的节日。

贯岭乡土习俗

黄加法

生育习俗

20 世纪六七十年代之前，由于贯岭地区医疗卫生发展水平有限，大多数孕妇在生小孩的时候是找村里的接生婆或有经验的老太太帮忙。孩子出生之后的第三天，孩子的父亲一般要去岳父岳母家报三次喜。

新生儿满月的时候，本家会为婴儿举行有众多亲朋好友参加的庆贺仪式。娘家人及其他亲戚会送贺礼。

在婴儿满四个月（有些在周岁）时，外婆一般会送金质或银质手镯之类的饰品，以保佑婴儿平安健康。小孩过"四个月"的仪式也非常隆重，一般男方会办酒席宴请亲戚，还要送一种糯米做的红色的"龟"（现在多用蛋糕或面包代替）给邻里各家各户。

婴儿满一周岁的时候，也会邀请亲戚朋友到家里做客，但此时所请客人大都为至亲，人数远不如满月的时候多。

在分水关村，孩子出生之后的每年七月初七前后，其外公都要送零食、水果等给孩子吃，直到外孙满 16 岁周岁，该风俗在当地名为"送七月七"，也称"送饼花"。

贯岭人还会用一些道教仪式来保佑和帮助幼儿健康平安长大，俗称"过关"。"过关"是专门用在小孩身上的仪式，16 周岁以下的孩童都要"过关"，小孩缺哪个"关"就需要过哪个"关"。一般常见的小孩"关煞"计 36 种，如"铁蛇关""将军箭""天狗关""阎王关""天吊关""四级关""多厄关"等，具体需要渡过的"关煞"根据生辰八字推算而来。

"过关"时，需选一个和孩子生辰八字不相冲的日子，先烧香、发鼓，再请神明。"过关"需请的神明是陈、林、李三位夫人及陈夫人的部将汪杨二将、三十六婆姐，但主要请的还是临水宫的陈夫人。民间认为临水夫人陈靖姑除了跟其他神仙一样会降妖除魔、解厄之运、救援产妇、保胎送子外，还能为小孩收惊驱邪、去煞化吉，所以被看成保护婴孩平安的守护神。"打关"完毕，要给孩子收擎，同时给小孩挂一个护身符。该符是用红布写的，写好将其包起来，装进四角星的袋子里，给小孩佩戴至少 3 个月。

婚嫁习俗

20世纪五十年代以前，贯岭镇的年轻人结婚，都是遵"父母之命、媒妁之言"，只有经过媒人或亲戚的从中介绍，男女双方的家长才能进入议婚阶段。男方女方结婚之前基本没见过面，双方只有到结婚当天才能看到对方的容貌。

男方向女方提亲，如果女方同意，就会托人把"生辰帖"给男方。订婚时一般会去桐山或苍南找"先生"挑选结婚的日子，还需要准备彩礼，一般需要金手镯等物品。订婚后一般从桐山买来请帖，提前一个月送给亲朋好友。新人的朋友们会在结婚的前一天到新郎家聚集，新郎会在这一天喝醉，但是结婚当天新郎新娘一般不喝酒，基本由伴郎伴娘代喝。在文洋村，结婚前男方要送猪肉和猪脚到女方家，让女方的父母品尝，其寓意是感谢岳父母把女儿养大，向女方的父母表达感恩。

在过去，贯岭地区新人结婚流行抬轿子，大姓宗族一般都有自己族里的花轿，而普通家庭就会去租别人的轿子。结婚时，新郎用八抬大轿去接新娘，新娘坐轿子前要把鞋子换掉，意思是不把娘家的土带到婆家来。随后新人到婆家拜堂成亲。有些村里还有"接孙子"的习俗，即新娘的母亲将瓜子、花生、红枣、桂圆等十几种东西放进一个红袋子里，由新娘拎着红袋子上花轿，等到在男方家下花轿之后，将红袋子递给早在门口等待的男方母亲。而这个红袋子就相当于"孙子"，男方母亲接过后须将红袋子放进喜床的被子里，这样新娘才可以进门，然后放鞭炮，鞭炮放得越多越好。

拜堂后要"闹洞房"，不分长辈晚辈，闹得越厉害、越放肆越好，这意味着新婚夫妇日后的生活越发红火。据透垟村民说，以前闹洞房特别厉害，甚至会持续到半夜两三点钟。

新人结婚的第二天，男方家里一定要买一个金瓜（南瓜），然后由新娘切开给大家做饭吃，寓意吃南瓜"子孙满堂"。当天小舅子要到姐夫家里喝酒，然后接新人回娘家，叫作"回龙门"。

如今，贯岭地区年轻人的婚姻大都是通过自由恋爱，花轿、拜堂等物件和仪式都已经消失，取而代之的是各家结婚的高档轿车，大家更加注重伴娘人数、接亲的车辆数等现代礼数。尽管这样，一些传统的习俗如"换鞋"等依然存续。

丧葬习俗

在贯岭地区，若遇家里有人去世，一般需要在家中停灵数日，所以会在自家附近搭堂，视场面的大小来决定搭桌子的数量。搭完台子以后就开始奏乐，一般，会请道士或和尚来做法事（根据个人信仰而定），为亡者开路和超度。和尚或道士会在为祭祀逝者搭的供桌前念诵经文，逝者家外的岔路口一般会立有逝者的讣告，岔路口两侧还会立有数面经幡。讣告内容一般会写明死者的出生日期、去世时间、出殡时间以及逝者子孙后代的姓名等。此外，供桌上还摆有祭祀的神食，包括干木耳、干蘑菇等6碗干菜和8碗酒。供桌右侧贴有"孤魂榜"。

以溪底村为例，20世纪中期，由于经济贫穷，该村老人去世之后都不做法事，就算做法事也只是一个晚上。虽说亲戚都会来送逝者，但是只在家留一天，当天晚上就会出殡。该地山多，老百姓因地制宜，专门找一座山来埋葬逝者。主家看哪里合适，就安排人去山上打洞，全村按一户一人去帮忙。打好洞之后把棺材放在洞里，再把洞门用砖封死，洞口不放墓碑。棺材要放在洞里3年或5年，其间祭祀死者都是在洞口烧纸钱。等骨化了，就请专门的"先生"在冬至前后三天把骸骨捡到金瓶里，再修墓埋葬。以前的墓穴大多选择在山腰之中营建，因为外形像圈椅，俗称"椅子坟"。同一家族的死者墓地可以聚在一起，但是此类家族性质的墓地，不但耗时耗工耗力，而且侵占了大面积的山林土地，当下已经禁止修造。在移风易俗的背景之下，基于村落性质的公共墓地逐渐成为主流。20世纪70年代末以后，经济稍好，溪底村的葬礼改请乐队，并做四五天法事，出殡时间由做法事的"先生"决定，花费巨大。如今响应移风易俗后，村里办葬礼不请乐队，大大节省了丧葬成本。

在20世纪90年代以前，贯岭地区亡者下葬大多数是用棺木。20世纪90年代末以后，村民逐渐开始将逝者运往火葬场火化。

自从国家倡导移风易俗之后，贯岭大多数村成立了红白理事会，推动了红白喜事制度改革，婚礼、葬礼逐渐变得简单化，极大节省了民众在该方面的费用。

贯岭

物华吟赏

贯岭黄杨木雕

马玉珍

贯岭黄杨木雕，因以黄杨木为雕刻材料而得名，主要品种来自浙江温州地区。黄杨木雕工艺形成始于元明时期，距今有 600 多年的历史。

黄杨木雕以圆雕为主，技艺娴熟，明清以后，经过民间雕刻大师的创造，还衍生出黄杨根雕、劈雕、拼雕等多种形式，成为我国传统木雕中最具活力的工艺品种之一。1996 年，贯岭人温作平师从浙江黄杨木雕第六代传人吴尧辉学习黄杨木雕技法。10年之后，他回到家乡创办"乡村工艺——黄杨木雕工作室"，创作的木雕作品在各地专业美术展览会上展出并获奖，带动了本地木雕工艺的发展。

贯岭传统木雕工艺题材内容丰富，以直接表现乡村生活为主，涉及耕种、收获等社会生活的各个方面。人们熟悉的马、鹿、蝙蝠等飞禽走兽，以及各种植物花卉、蔬菜瓜果、吉祥图案、戏曲人物，经过精雕细琢，都栩栩如生地立于案头，供人们欣赏品味。总体来说，贯岭木雕有其独特鲜明的风格，造型上大胆夸张，以"大巧若拙"的方式表现了雅俗共赏的审美情趣。

黄杨木雕工艺有着严格的制作流程。首先是选材。温作平从小在父辈熏陶下成长，热爱绘画和工艺美术。在长期的创作实践中，他深刻体会到，要创作一个好的木雕作品，在考虑作品题材与应用手法的同时，要对所选择材质有正确深入的理解。有了优质的木材，才能进入雕刻创作环节。其次是画稿，创作时通常要画创意稿，再用墨线将其勾画放大到木材上。接着是凿坯，根据勾画的墨线凿粗坯，初步形成作品的外轮廓与内轮廓。粗坯是整个作品的基础，它以简练的几何形体概括全部构思造型，要求有层次、有动势、比例协调、重心稳定、整体感强。初步形成作品的外轮廓与内轮廓后，就进入凿细坯环节。凿细坯时讲究从整体着眼，调整比例和各种布局，然后将具体形态逐步落实并成形，同时为下一步的修光留余地。此后是修光，做完细坯后的作品体积和线条已趋明朗，再以薄刀法修去细坯中的刀痕凿垢，使作品表面细致完美。修光刀法要圆熟流畅，有充分的表现力。然后是搓磨，根据作品需要，用粗细不同的木工砂纸顺着木头的纤维方向搓磨木雕，直至理想效果。最后是着色。着色不仅是为了弥补某些木质的不足或缺陷，而且起到丰富材料质感美和作品形式美的作用，要酌情而定，尽量体现出作品内容形式的需求，并符合天然木质的美感。木雕上色后不要马上擦光，至少要晾 12 个小时，等颜料干透，用一块干净的布使劲擦拭，直至产生均匀光泽，手感光滑。有的作品可以视情况擦漏一些，使木料的底色稍有显露，形成丰富的色彩层次感。

贯岭木雕最讲究的是雕刻技法，即创作中作者对于形象和空间的处理手法，这种手法主要体现在对材料做"削减"意义上的雕与刻。温作平说："留得肥大能改小，唯愁瘠薄难复肥。内距宜小不宜大，切记雕刻是减法。"只有掌握技巧并不断积累经验，才能拥有理想的真正属于自己的刀法。

贯岭木雕还讲究工具的选择。好的工艺美术师多采用传统木雕工具，主要有平口刀、圆刀、环形刀、三角刀、斜刀等，而不使用电锯、电钻等现代工具。

贯岭竹雕

马玉珍

竹雕，也称"竹刻"。赵汝珍在《古玩指南·竹刻》中这样概括："竹刻者，刻竹也。其作品与书画同，不过以刀代笔，以竹为纸耳。"言简意赅，却颇为精妙。竹雕一直以来都受到文人雅士及收藏者的青睐，它作为一种流传于闽浙边界的传统手工艺术，在贯岭自然应运而生。

受气候影响，闽浙边界的竹子韧性很好，经得起多次弯曲、打磨。这样的自然因素，使竹子雕起来难度很大，而价值却不低于牙雕、角雕。闽浙边界的竹雕艺术因其选材考究、样式精美、造型独特而闻名于世。其精湛的雕刻技艺和不朽的艺术价值，充分体现了当地劳动人民的卓越才能和艺术创造力。

我国的竹雕形式丰富，有十几种传统雕法，凸出的为阳刻、凹进去的是阴刻，此外还有浮雕、圆雕、透雕。贯岭竹雕艺人温作乾所擅长的留青竹刻属于阳刻的一种。留青，是用竹子表面的一层青筠作为雕刻图纹，铲去图纹以外的竹青，露出下面的竹肌作地，故名"留青竹刻"。因留青是留其表皮一层，所以又名"皮雕"。竹刻留青之法，至明末张希黄时已具备。李葆恂在《旧学庵笔记》中记载张希黄竹刻山水臂搁事"凡云气、夕阳、炊烟，皆就竹皮之色为之。妙造自然，不类刻画"，道出希黄运

竹雕八仙（贯岭镇政府 供图）

用竹筠之妙。留青竹刻还是中国人民对外友好交往的历史见证，日本正仓院博物馆现仍保存着中国最早的留青竹刻实物，一根管状的吹奏乐器——尺八，是唐代高僧东渡时带过去的。

贯岭镇邦福村人温作乾的竹雕，选料独特、制作时成"图"在胸。别人雕刻是临摹和加工，他则是创作和艺术。他因竹施艺，随形做物，其作有返璞归真的感觉，凸显其自然美、形态美。要做到这些并不是简单的事，不仅要有长期的农村生活实践，还要对毛竹品质了解全面。毛竹性直，易干易翘，收缩率大，雕刻时对刻刀稍稍把握不当就会前功尽弃。因此，温作乾常常翻山越岭到深山老林中去寻找那些奇形怪状的老竹子，与竹子亲密接触，使人竹合一，融为一体。

温作乾的竹雕刀法精湛，或蜻蜓点水，或苍劲有力，手法娴熟朴实，许多微妙精细之处全靠他自己慢慢打磨。如第一道工序圈边是把竹刻图像的边缘先勾勒出来，这跟绘画中的白描双钩类似，是非常关键的一步。温作乾用钢刀在竹子薄薄的表皮上做底，背景平得像玻璃一样，甚至光滑如镜。他充分利用刀痕的深浅、青皮的高低起伏、边缘的生色圆润，分出图像的远近、前后，表现出中国的水墨写意画和中国书法的无穷魅力。

温作乾竹刻优秀作品经百年传承，独具风格，其运用描、刻、控、刮等技艺，使作品达到"材尽其美，工尽其珍，器尽其雅，格尽其高"的境界。他的作品《春湖三折浪云开》《九龙戏珠》《铁拐李》《八仙聚会图》等展现着百年不变的竹雕工艺和勇于开拓创新的匠心，更凝结着中国优秀传统文化的厚重底蕴。如今，以他为传承人的贯岭竹雕工艺已入选宁德市级第六批非物质文化遗产保护名录。

温作乾在竹刻技艺上如此精益求精，与文人墨客所追求的修身养性密切相关。国人自古把竹子当作清高的代表，它非草非木，节节向上，古代的文人把一些中国传统道德中的优秀品德跟竹子联系起来，把竹子人格化并加以崇拜。由于温作乾精湛的手艺和对传统手艺的执着坚守，当地人都称他为"守艺者"。随着社会对传统竹刻关注度的提升，留青竹刻不仅仅保留着竹刻的技艺，更传承着"留青"的希望。

松洋古法红曲

马玉珍

距贯岭集镇 6 千米的松洋村是地处珠（猪）峰山南麓的一块盆地。这里土地肥沃，物产丰富。松洋没有溪流，先民们便凿井取水，水尤清洌，四季不涸。在自来水早就走进松洋村的今天，仍有古井汩汩地冒着清泉，为当地村民的生活生产提供便利。

松洋古法制红曲（施永平 摄）

现今，当地村民仍感怀先人的智慧，坚持用井水生活生产，繁衍生息。当地制作红曲的水就是井水。据说，用井水制作红曲是古法制曲的首要条件。

古法制曲的准备工作大概需提前两天开始。红曲的原材料是籼米，米淘完后要用井水浸泡上一晚，第二天才能蒸饭。蒸饭的时间要把握得恰到好处，时间不够，芯子太硬，菌种难以寄生；时间太久，饭团黏软，又可能感染杂菌。将蒸好的米饭倒在篾席上，把调和好的红曲母液与米饭搅拌均匀，让它们掺杂混合、相互渗透。时间一点点过去，在微生物的作用下，饭粒上会长出肉眼可见的白毛，一颗颗粉色斑点冒出头，而这只是开始。当地制曲的师傅说："传统工艺发酵要将近六七天，我们每天都要观察它的变化。"只有经验老道的师傅才能从细微的味道和温度差别中检测出米饭的发酵程度。将手指插入米堆中央测温，如果热量上升，就要赶紧洒井水浸曲。晾晒是制曲的最后一道工序，把已经发酵变红的米饭摊铺于篾席上，置于烈日下暴晒。晾晒的过程中要时不时地用耙子去翻动红曲，使其干度均匀。若逢阴雨天，必须把红曲摊铺于通风的室内，避免受潮。

古法制作红曲技艺是劳动人民长期生产生活的智慧结晶，有着极其宝贵的传统工艺价值。

八宝芋泥

 黄加法

　　芋泥亦是闽菜中的传统甜食之一，尤以福鼎的八宝芋泥最为地道。它的盛名与选材密切相关，选用的是福鼎土特产槟榔芋。此菜细腻软润，香甜可口，看似凉菜实则烫嘴，别具风格，一般吉辰喜庆筵席上多有此菜。

　　八宝芋泥还有一段趣闻：清道光十七年（1837），林则徐作为钦差大臣到广州禁烟，英美等国领事为了奚落嘲笑中国官员，特备西餐凉菜"宴请"林则徐，企图让林则徐在吃冰激凌时出丑。当时在中国从未见过冰激凌的林则徐被这一食物"冻"到了。事后，

八宝芋泥（王代进 摄）

林则徐设了丰盛筵席"回敬"。几道凉菜之后，林则徐命人端上了八宝芋泥，刚刚出锅的芋泥滚烫无比，又浇上了滚烫的糖油。看着一盘发亮又光滑、犹如凉菜的东西，一名外国领事舀了一勺往嘴里送，烫得两眼发直，其他客人都惊呆了。这时林则徐才漫不经心地介绍："这是中国福建的名菜，叫槟榔芋泥，外表冷静，内心炽热，与冰激凌表面冒气、里面冰冷正好相反。"因此，八宝芋泥也名正言顺地成为一道著名的爱国菜。

八宝芋泥主料有福鼎槟榔芋、豆沙、蜜饯，以糖莲子、红绿丝、葡萄干、青梅等为装饰辅材，配料则有白糖、熟猪油、花生粉、豆沙、芝麻、冬瓜糖、李果、淀粉等。按1000 克槟榔芋的主料计算，可配以 250 克白糖、150 克熟猪油。制作时首先将槟榔芋刨去外皮，切除头尾部分，取中段切成厚约 2 厘米的大片，入笼蒸 25 分钟至熟烂后，加入熟猪油、色拉油以及白糖捣成芋泥，去除粗筋待用。将花生油、芝麻、白糖、冬瓜糖、李果、蜜饯、豆沙等细切制成馅心后，取一半芋泥装入碗中加馅心，将另一半芋泥盖在馅心上，上蒸笼用旺火蒸热。炒锅置旺火上，用沸水把白糖调成糖开水，加湿淀粉勾芡，浇在蒸热的芋泥上即可。上盘后 , 还可在芋泥上撒肉果、枣泥、桂花、花生仁、桂圆、蜜枣、青红丝等配料，五颜六色 , 美观醒目。因配料一般为 8 种，八宝芋泥由此得名。

百井坵九层糕

🍃 马玉珍

在贯岭，九层糕又被称作"米粿"或"水粿"，以透埕村百井坵回族同胞制作的九层糕最有代表性。

回族同胞迁居百井坵已经有两三百年历史。据百井坵村民郭承谦介绍，当时祖先为了躲避北方的战乱而迁居南方，最终一支定居在此。九月九是百井坵的重要节日，这一天，村里会邀请戏班子来村唱戏，举行隆重的祭祖仪式，而九层糕也是在这一天制作，是祭祀仪式当中的重要祭品。祭祀完成后，九层糕由族中长辈先品尝，而后大家分食。至于为何要做九层糕来祭祀，何时开始有九层糕，已经无从考证，人们只知道这是一代代流传下来的传承。可以推测的是，百井坵九层糕的产生，与九月九的祭祖有密切联系。

百井坵村民制作九层糕祭拜先祖、孝敬长辈和传统重阳节习俗一脉相承，九层糕在

百井坵九层糕（郑成勇 摄）

丰收之上又增添了长长久久的美好寓意。

　　与别地的九层糕相比较，百井坵传统的九层糕制作更简单，更加原汁原味。将米在水中浸泡半小时左右，洗净去除杂质，把米与水按 3 比 1 磨成米浆，之后用木质的模具放在锅上蒸制。先倒入一层米浆，蒸大约 10 分钟，再倒入第二层，以此循环，直至九层。虽是九层，但是每一层之间没有颜色或材料的区别，因而层与层之间很难看出。现在的九层糕加入白糖、红糖或是猪肉，衍生出不同的口味，制作也更加复杂。甜味九层糕一般使用红糖、白糖两种糖，以分别出不同颜色。在磨好的米浆中加入适量红糖或白糖，搅拌均匀，使其融化。在蒸制中依次倒入两种米浆，制作出来的九层糕就形成了分层。而咸味的九层糕则是通过在制作的过程中加入猪肉，量的多少一般视个人口味而定。

　　九层糕以直接食用为主。现在较为流行的甜咸风味的九层糕，既是小吃，也可作为主食。九层糕（甜味除外）还可以与福鼎肉片、鱼片、猪头肉等搭配做成粿汤，肉片、鱼片韧且脆，米粿柔且软，吃起来软硬兼备，别有一番风味。将九层糕切成厚约 1 厘米、长宽约 5 厘米的片，裹上一层炸粉，或煎或炸至表面金黄酥脆，再佐以生抽为主的酱料，趁热食用，其酥脆与松软二重口感和着咸鲜风味在口腔碰撞，可演绎出最朴素最接地气的舌尖传奇。

邦福牛蹄

郑必桑

　　邦福，旧称"石崩窟"，是古时闽浙商贾往来必经之地。清末民初在北京、上海、温州等大中城市享有盛名的茶烟商"张元记"就发祥于这里的张家大院。邦福牛蹄亦出自这里。

　　邦福牛蹄出现的时间并不长，是邦福村温从妙夫妇于10多年前创制的。十几年前，这对夫妇从一位外地回来的朋友处听闻到炖牛蹄的美味，遂自己结合当地食材、气候、口味，精心研制出了这道别具贯岭特色的招牌美食。经过十几年的辛苦经营，其诱人的风味和经济实惠的价格吸引了四面八方的顾客前来品尝。如今，邦福牛蹄已是福鼎小吃代表之一，整个福鼎几乎人人都知道邦福牛蹄，甚至还有从省内外开车几小时专程赶来吃牛蹄的食客。邦福牛蹄从刚开始每天十余个的销量，到如今每天可达到几百个，原本不大的店面常常门庭若市。

邦福牛蹄（陈善施摄）

来到邦福村，牛蹄店就在村口，一股浓郁的香气扑鼻而来，这让人体会到什么叫作美食的"魂牵梦萦"。牛蹄店门口简易的炉灶上，放着两口煮牛蹄用的大汤锅，紧扣着的锅盖丝毫掩不住香味。掀开锅盖，汤料的醇香带着牛蹄独特的气息扑鼻而来，迅速将人吸引。牛蹄散发着令人垂涎的气味，咬上一口，肉质嚼劲十足。在汤汁中熬煮了好几个小时的牛蹄，其自身的油腻早已荡然无存，中草药熬出的汤汁的浓香与牛蹄完美融合，下咽之后唇齿留香。牛蹄微辣的口感更是点睛之作，给人唇齿之间细微的刺激，让人欲罢不能。难怪有很多人吃了十几年也吃不厌。

毫无疑问，这道美食最主要的原料便是牛蹄。老板娘说，一定要选用水牛的牛蹄，因为水牛牛蹄个大、肉多、口感好。相比之下，黄牛的牛蹄则比较小，而菜牛的蹄子在味道上稍稍逊色。除了牛蹄之外，各色香料和中草药也是必不可少，除了基本的八角、桂皮、草果等香料，还要加入罗汉果、花椒、香叶、当归等近20种中草药，牛蹄在这些香料和草药中经过两三个小时的文火焖煮，美味才酝酿而成。

邦福牛蹄的制作过程并不复杂，关键在于对火候的掌控。首先，需将牛蹄脱壳、褪毛、焯水，之后在冷水中浸泡、冲洗。其次，放入白蔻、陈皮、香叶等近20种中草药，熬煮2—3个小时，熬煮的时间相当关键，要根据牛蹄本身的老嫩程度来把握，时间短了，肉质太硬的同时味道不足；时间长了，牛蹄煮得过烂，就没有那种特殊的嚼劲。这个度的把握，和使用的香料配方一样，成了邦福牛蹄美味的秘密。

由于熬煮牛蹄的过程中加入了大量的中草药，再加上牛蹄本身的食补作用，从某种意义上说，邦福牛蹄也是一种药膳。老板娘说，附近村民如果出现腿抽筋的症状，就会来店里要一碗熬煮牛蹄的汤，喝了第二天就见效。

槟榔芋扣肉

🍃 黄加法

　　在福鼎人的菜谱里，是肉都可以"扣"，有扣肉、扣鸡、扣鸭等。最为广泛的还是扣猪肉，这当中，槟榔芋扣肉又是代表中的代表。福鼎人的重大宴席，讲究"八盘五"——8个盘菜，5个汤菜。在"八盘五"的周围还要摆上各色凉菜，称"围碟"。围碟的数量，也是这桌宴席高档与否的判断指标之一，从最少8个到十几个到三十几个不等。宴席也分为上下半场，上半场是吃围碟，下半场则是"八盘五"的正餐。相传，这种讲究的饮食文化和南宋朝廷南迁的历史有关。当时，南宋定都临安（今杭州），有一位皇孙继续南下

槟榔芋扣肉（郑成勇 摄）

定居在福鼎，他带来了全套的皇家生活模式，其中就包括这套复杂的饮食方式。从此以后，这种形式在福鼎世世代代流传下来，延续至今。

"八盘五"里面有几道菜是不可或缺的，如澎海汤、鸡和一道"扣"。据福鼎市烹饪协会副会长郑成勇介绍，这道"扣"如果在年末的宴席上出现，宾客们是不能吃的，因为要表示主人家菜品丰富，多到吃不完，取年年有余之意。在过去还有一个不能吃这道菜的原因，是要把最后这道大菜留给主人家没能来得及赶来参加宴席的客人或工人。这道"扣"的寓意和作用，反映出了这道菜在福鼎人心中的地位。

"扣"是指当肉蒸或炖至熟透后，倒盖于碗盘中的过程。一般认为，扣菜发源于广东，以扣肉为主要代表，又以梅菜扣肉最为著名，一般狭义的扣肉就指梅菜扣肉。扣肉是梅州传统菜品，色泽金黄，香气扑鼻，清甜爽口，不寒不燥、不湿不热，因被传为"正气"菜而久负盛名。现在的扣菜种类繁多，用料复杂，除了传统的猪肉外，其他食材也被运用到扣菜的制作当中。然而，扣菜的制作方式和精髓依然万变不离其宗，始终是将蒸制好的食材反扣到碗盘之中，展现这道菜的亮眼之处。

贯岭槟榔芋扣肉的制作过程与一般扣肉相似，首先将五花肉细毛刮净，放入沸水锅中煮熟取出，再用酱油上色，锅置旺火，注入熟猪油至六七成热时，将已上色好的五花肉放入锅中，炸至金黄色捞起，切成厚片；将槟榔芋去皮切成厚片炸熟；将切好的五花肉、槟榔芋按交错搭配整齐排在扣碗内，肉皮朝碗底，下少许酱油、味精、白糖、绍酒，再倒入高汤上蒸笼，蒸至 20 分钟左右待用；将蒸好的香芋扣肉取出反扣在煲仔内，开扣碗待用；锅置火上，下入高汤、味精、白糖、盐和绍酒，烧开后用湿淀粉勾芡，最后浇在香芋扣肉上即可。

槟榔芋扣肉的最大特点是"肥而不腻"。原本带有肥肉的五花肉在槟榔芋的中和之下显得不再肥腻，整道菜色泽铁红，肉质烂而不糜，肉富芋味、芋有肉香，五花肉和槟榔芋在长时间的共同蒸煮中达到了一种相互和谐的超然状态，成就了一道美食。

地瓜酥与香芋酥

🍃黄加法

贯岭地瓜酥和香芋酥有别于他处。一般常见的地瓜酥或香芋酥是将地瓜和香芋作为馅料包裹在面粉中炸制,而贯岭的地瓜酥和香芋酥则是以这两种食材为主料和皮,里面包裹适当的馅料,再进行炸制。

贯岭地瓜酥制作简单,将地瓜去皮、去头尾,切片或块蒸熟取出,加入白糖、面揉制成面团。再将地瓜面团制成面皮,一般选用适量豆沙作为馅料,包成小圆球,再裹上一层面包糠,最后将裹好的地瓜丸下油锅炸至金黄色捞出即可。

贯岭芋头酥制作相较于常见的香芋酥简单不少。首先将福鼎芋去头、尾、皮,切成片蒸熟取出,加白糖、面粉压制成泥,再将芋泥制成皮,取半个熟咸蛋黄,包成小圆球,再滚匀面包糠,最后将半成品的芋丸下到烧至三到四成热的油温的热锅中,炸至金黄色时捞起即可。

贯岭的槟榔芋和地瓜都是优质农产品,生长环境优良,富含膳食纤维和各种维生素,营养丰富。香芋酥和地瓜酥口感香酥可口,特别是贯岭将二者作为主料的做法,更加凸显出这两种食材的本味。经过炸制的香芋酥和地瓜酥色泽金黄,素雅动人。

挂霜芋

郑必桑

挂霜芋是福鼎特色小吃之一，选用优质的福鼎槟榔芋制作而成。挂霜芋因芋块表面所挂的白糖呈白霜状，故名。刚出锅的挂霜芋热气腾腾，冷却后的白糖就像霜一样凝结在芋条上，外酥里嫩，香气扑鼻，清甜可口。贯岭作为福鼎芋的主产区，制作和食用挂霜芋十分普遍。福鼎芋在福鼎的种植历史长达300多年，用福鼎芋制成的各色菜肴不胜枚举。挂霜芋何时产生已无人知晓，只知今天的挂霜芋仍活跃在贯岭的街巷、饭店以及百姓家的餐桌上。对于贯岭人来说，一口挂霜芋就是家乡的味道。

"挂霜"是一种烹调方法，制作方法一般有两种：一是将炸好的原料放在盘中，往上面直接洒上白糖；二是将白糖加少量水或油熬熔收浓，再把炸好的原料放入拌匀，

挂霜芋（王代进 摄）

取出冷却，冷却后外面凝结一层糖霜。福鼎挂霜芋的做法为后一种。"挂霜"二字，显得十分诗情画意，让人联想到晚秋时节的早晨，推门而出，眼前的一片薄薄白霜，似雪却更加晶莹剔透，仿佛是上天赐予的神秘。挂霜芋给人的感觉就是这样，包裹着的一层"白霜"，给人一种神秘感，让人遐想白霜的里面究竟是何等美味。

挂霜芋的制作看似简单，但选料和熬糖的火候把握甚为重要，要做出"香、酥、粉、嫩"的挂霜芋，需选当年12月到来年2月这段时间上市的最优等槟榔芋。过早的芋含水分较多，淀粉转化得不够彻底；紫红色槟榔花纹少，而且肉质不够粉，香味不足，做出来的挂霜芋"色、香、味"欠缺。

选好福鼎芋，然后去皮，选中间段，切成长6厘米、宽2厘米左右的长柱体芋条备用。炒锅入油，油量以能刚好没过芋块为宜，大火烧热至热气能烫手为时放入芋块，转小火，不断翻动芋条，使其受热均匀，防止炸焦，待芋块表面转为淡黄，出锅，沥油备用。将油锅洗净，按白砂糖与水20比1比例留水，用小火熬糖至白砂糖完全熔化成液体再改为小火，熬糖的过程中要不断地搅拌白砂糖防止焦化。待糖液熬至泛白黄色，用筷子蘸糖液提起，中间能拉起一条糖丝则说明已熬至恰到好处，此时应马上熄火并放入芋头，不断快速翻炒使糖液均匀地裹在芋块上，最后出锅装盘冷却，一盘白里透黄、香气浓郁的"挂霜芋"就大功告成了。

贯岭咸猪脚

黄加法

　　福鼎市城区北面有一名为贯岭的小镇，小镇上有各种风味小吃。说起这里的风味美食，许多人津津乐道的首推贯岭咸猪脚。据说多年前，有一个外省考察团风尘仆仆地从浙江泰顺途经此地，眼看到了用餐时间，回程太远，当地接待人员只好将他们带到路边的一家农庄餐馆。小店没有山珍海味，只能就地取材，焖了一盘咸猪脚，炒了几个小菜。谁知考察团成员个个吃得津津有味，连呼过瘾。其中一人感叹道："家常猪脚也能做得如此地道、筋道，民间这种烹调技艺的精妙，令人称奇。"

　　而今，贯岭咸猪脚早已闻名遐迩，且被作为福鼎风味美食广为推介。有人甚至不

贯岭咸猪脚（陈善施 摄）

远数十里专程赶来品尝。有歌谣为证："吃了咸猪脚，方为味中仙。"

　　猪脚是南北皆有的家常菜，贯岭咸猪脚为何如此独受青睐呢？据餐馆老板介绍，贯岭咸猪脚之所以深受各地食客的喜爱，主要是在选料、用料和制作上下足了工夫。师傅们通常取本地家养生猪前后腿，首先剔除其杂毛、赘肉，以保证肉料的纯正；其次是猪蹄肉砍切均匀，保证肉料形色俱佳；三是盐的撒放用量适中，并均匀揉拌，方能做到咸淡适宜；四是盐水浸渍时间恰到好处，一般不超过 3 天，保证咸猪脚独特口感；五是食用前要用淡水退咸，清洗 3—5 分钟，以除去生猪脚固有的油腻味和多余的盐分；六是要掌握火候，把生猪脚放入高压锅后，要用文火烹煮，直至有浓浓的蹄肉香溢出；最后是要科学配料，把煮熟了的猪脚块取出，放入少许酱油、黄酒、生姜、香料，用中火烹炒片刻即成。充满嚼劲的咸猪脚嫩滑爽口，咸淡适中，余香扑鼻，口感独特，实在是一种说不出的美味，吃了让人感觉满口生津，食欲大增。

　　中医认为猪蹄性平、味甘，具有补虚弱、填肾精、健腰膝等功能，是一种类似熊掌的美味佳肴及治病良药，一般人都可以吃，对老人、妇女、失血者而言更是食疗佳品。

　　制法独特、做工精细的咸猪脚，不仅美味可口，而且兼具养生之效，谁人能不爱？

汽糕

🍃黄加法

汽糕又称"焙糕"，顾名思义，就是用"汽"蒸出来的糕。汽糕流传历史悠久，已难溯其源。在福鼎，"汽糕"也叫作"红糖米糕"或"白糖米糕"，因为福鼎人吃它总是配上白糖或红糖。在贯岭的街头巷陌，都能看到汽糕摊位上圆筒状的木质模具在冒着白雾，散发着淡淡的米香。

贯岭汽糕在主料的选择上非常讲究，要用到糯米、籼米、粳米三种米，三者按2比1比1的比例混合使用。据当地厨师介绍，这三种米的最大差别在于黏度，人们根据米煮熟以后的黏性，把米分为黏的和不黏的两类，把黏的称为粳米，不黏的称为籼米，最黏的称为糯米。黏度不同的原因是淀粉含量不同，通俗来说淀粉含量最高的是糯米，其次是粳米，最少的是籼米。

汽糕（王代进 摄）

现代研究表明，除了支链淀粉和直链淀粉成分不同以外，糯米比籼米和粳米含有较多的糊精、可溶性淀粉和麦芽糖。此外，籼米、粳米和糯米的吸水性和淀粉糊化的温度和时间也不一样。籼米的吸水性最大，粳米次之，糯米最小。因此，在米的选择上，三种米按照一定比例搭配是十分科学的。糯米过多，会导致制作出来的汽糕黏度太大，容易发腻，也难消化；籼米和粳米过多则容易造成汽糕过于干硬，没有弹性，失去口感。

贯岭汽糕的制作并不复杂。将糯米、籼米、粳米洗净，浸半天，沥干水分，晾至半干后磨成粉；将磨成的米粉装入蒸汽糕专用的模具至二分之一处，蒸熟后放适量糖、葡萄干、熟芝麻等配料，再另加二分之一的米粉蒸熟；最后可在蒸熟的汽糕上撒上红绿丝、葡萄干等，既有装饰效果，也有增加香甜口感的作用。在口味上，贯岭的汽糕是甜口，不同于江浙等地的咸口，一般会在汽糕中间加上红糖、白糖、葡萄干、豆沙等。香甜的口感，给人带来别具一格的舒畅愉悦。

贯岭

鼠曲粿

🌿 黄加法

鼠曲粿深受贯岭民众的喜爱，其外形似年糕，通体为深绿色。与普通粿类不同的是，鼠曲粿多了一丝不一样的属于野菜的清香。鼠曲粿的由来与清明有关，最初被称为"清明粿"。各地做清明粿所采用的原料不尽相同，一般都是因地制宜，在福鼎当地，人们习惯于用鼠曲草。鼠曲草是一种常见的植物，在贯岭的田间地头分布广泛，属于菊科，因其叶有"白茸如鼠耳之毛"而得名。除了鼠曲草，制作鼠曲粿的另一种原料就是当地产的粳米。一方水土养一方人，自家地里种的大米，加上随处可见的鼠曲草，两种再简单不过的食材，在劳动人民的伟大创造下，成为一种独特的美食。

制作鼠曲粿，应先将已经浸泡一夜的优质粳米放在木制蒸笼蒸熟。同时，将鼠曲草焯熟沥干水分，放到石臼里杵成糊状，或晒干后磨成粉末。把蒸熟的粳米倒到石臼中，和着鼠曲草一起用力捶打，将其捣成一个大团子。而后将大团子放在案板上用劲不断地反复揉搓，其间不时加入几滴食用油，最后制成各种形状的鼠曲粿即可。

鼠曲粿的食用方法多种多样。有直接食法，就是将捶打揉搓完成的粿直接食用，这种方式最大限度地保留了鼠曲粿原始的味道，米香、鼠曲草的清香浑然一体。炒熟食法是在锅中加入油，待油温升高后放入切成片或条状的鼠曲粿翻炒，加入适量白糖，继续翻炒，待白糖熔化均匀包裹在鼠曲粿上即可出锅，这种做法使得鼠曲粿更加香甜可口，更受年轻人欢迎。也有煎食法，是将做好的鼠曲粿切成片或条状，在油锅中煎至两面泛黄，即可出锅食用，这样的食用方法使得鼠曲粿的香味得到更好激发，得以在高温油锅中释放。

鼠曲粿（郑成勇 摄）

松洋光饼

🖊️马玉珍

贯岭松洋一带流传着一种干粮，是用面粉烤制的，香味十足，非常抗饿，它就是光饼。

松洋光饼相较于福建别处的光饼，特点在于只用面粉加少许盐制作，不加别的配料。这种做法更加接近光饼最初的味道。光饼在这里也被称作"缸饼"，这是因为烘烤光饼的炉子和缸类似。

松洋光饼（陈善施 摄）

松洋光饼讲究"铜脸铁底棉花心"。"铜脸"指的是光饼表面焦黄，色似古铜；"铁底"说的是饼底脆；"棉花心"则是因为饼内松软可口。光饼以面粉为主要原料，经略微发酵后，佐以精盐，制成直径约8厘米、厚约1厘米、中心有一细孔的小圆体，用炭火烤熟。烤光饼用的大缸有一米多高，外裹黄泥。将光饼沿着缸壁贴完后，用棕刷沾上水洒到缸内，待热气冒上来的时候把缸口盖上，过一会儿再用炭火慢慢把饼烤熟。刚出炉的光饼饼皮香脆、饼囊松软，略带咸味，味道香脆可口。当地人喜爱这么一种特殊的吃法，即沿着光饼的边沿将之分成两片，中间夹上炒豆芽或者海蛎肉，夹豆芽的称"金丝汉堡"，夹海蛎的叫"海蛎包"。刚出锅的海蛎包，似乎还能听得见香油滋滋作响。松洋光饼最美味的吃法是夹上味道鲜美的酱肉和香椿，放油锅炸至表皮酥脆，品一口，酱肉的醇香混着香椿的清香和光饼的酥香，简直就是人间极品。

现在贯岭民众一般做两种光饼，一种是中间有孔，表面焦黄的传统的光饼；另一种是中间无孔，饼中夹些糖，色白饼软，咬一口糖就会流出来的光饼，也叫"水饼"。后一种有时还会加入薄荷，咬上一口，甜味中又带有一丝清凉，相较于传统的光饼更加柔软。

通过不断沿革创新，光饼从原来的行军粮、充饥干粮，到摆上宴桌成为招待贵客亲友的佳肴，体现的不仅是贯岭人民的智慧，更是对民族英雄戚继光的感念。普通的光饼，在岁月长河里一定会越发鲜活动人。

附录：

大事记

两晋南北朝

东晋元兴二年（403），浙江永嘉太守卢循起兵失败后，撤退到闽浙沿海，在贯岭战坪垟与刘裕（后为南朝宋的开国皇帝）激战，战坪垟由此得名。

隋

隋开皇二年（582），闽中丰州刺史章大宝兵临分水岭，永嘉内史毛喜遣周蟠领兵千余御之。

唐

天佑四年（907），为御吴越入侵，闽王下旨长溪县构筑分水关、禅关寨、贯岭寨。

五代十国

后梁开平三年（909）至后唐同光三年（925），闽王王审知筑分水、叠石二关，以防备吴越国入侵。

后梁贞明六年（920），松洋村建青莲寺，与店下灵应寺、硖门瑞云寺、桐山栖林寺、桐城三门里溪南寺、白琳天王寺并举，为福鼎六大寺之一。

后周显德三年（956），福鼎西园王氏后裔王小荣（浙江严州知府）迁居透埕，为透埕王氏肇基祖；王小回迁至贯岭，为贯岭王氏肇基祖。

宋

大观元年（1107），贯岭透埕村建西峰寺。

绍兴三十年（1160），王成中庚辰梁克家榜进士，曾任雷州通判，为闽东道祖缪从龙（亦为梁克家榜进士）撰《缪氏族谱序》。

景炎二年（1277），元军南下，大都督行军司马陈自中据守闽浙交界分水关，阻击南侵的元军十余日，多次给蒙古铁骑以迎头痛击。"食尽援绝，军师欲降之，不从，朝服南向，再拜而死。"（清乾隆《温州府志》）陈自中英勇殉国，追封温国公，谥康顺。

元

贯岭分水关村建德功寺，文洋村建青云寺。

明

明正德十四年（1519），正月初降雪，高山深谷积雪，弥月不消。

嘉靖三十二年（1553），福宁知州黄良材造隘房并派福宁卫军防守分水关。

嘉靖四十一年（1562），戚家军至分水关经贯岭往福鼎，后下榻在水北铺。

明末清初的 1640—1650 年，郑成功率义军经过分水关南下后，福鼎刘中藻、汀州王拉夫及寿宁马兴等数万人先后转战于闽浙分水关、茗洋一带抵御清军达 10 年之久。

崇祯十七年（1644），进士刘中藻为抵御清兵入闽，征召民工重修分水关，并扩建关口左右城垣数百米。

清

乾隆二十四年（1759），福宁知府李拔在分水关隘口题名"分水雄关"。

嘉庆十四年（1809），文洋村建七斗庵。

道光十八年（1838）闰四月，章峰李姓族人在水北溪村东建万古亭。

咸丰年间，浙南平阳钱仓赵启等为推翻清廷秘密创立"金钱会"，时福宁镇总兵闻警派队来鼎驻防，令福鼎游击许中标及霞浦游击陈某等分驻半岭、分水关一带，并策划进剿金钱义军。

咸丰元年（1851），金钱义军进攻驻守分水关的清军，当场被击毙数百人。有阵亡战士坟墓一座，今存分水关澳门公路东边。

咸丰八年（1858），贯岭分水关村建光明寺。

光绪十一年（1885），茗洋建东宫戏台，分水关建临水夫人宫戏台。

光绪十七年（1891），贯岭文洋村建岩兜寺。

198

光绪二十二年（1896），军营村建一都班联登公立碑，用来说明班联登所管田亩联单契及各人田地位置，以解决纠纷。

光绪二十五年（1899），邦福建杨府圣王宫。

光绪三十三年（1907），排头立禁乞碑。

中华民国

1912年，福建北洋督军周荫人受直系军阀孙传芳指使发动侵浙战争，派彭得铨旅取道闽东经霞浦、福鼎入浙，以行军紧急为借口，一路勒索，拉夫派款。彭旅先头部队驻扎分水关附近，百姓逃匿一空。

1918年，贯岭松洋村建玉琳寺。

1933年，贯岭茗洋村建永安寺。

1933年，寿宁匪首周玉光率徒数百人，窜到桐山西北各乡，放火掠走金银等价值2万余元。

1936年，闽浙边临时省委在排头村决定成立浙南人民革命委员会；之后，瑞平泰、福鼎、鼎平、桐霞等县人民革命委员会相继成立，分别设在排头、秀洋、文洋、白石等村。

1939年，为阻日军进犯，群众掘毁福鼎城关至分水关道路。

1945年6月10日，日军经贯岭、桥亭等地进入浙江平阳域内。在北撤途中，日军沿途杀人放火、掠夺财物、强奸妇女，秀岭（即贯岭）被杀7人。

中华人民共和国

1955年，成立贯岭区级卫生所。

1956年，福鼎至分水关公路全线通车。

1960年8月10日，强台风袭击闽浙边界。次日清晨，福鼎县邮电局2名工人到分水关巡查线路，在山头发现平阳县桥墩区成一片汪洋。

1971年，开办贯岭电信所。1976年12月1日停办。1978年12月恢复营业。1983年5月设立邮电支局。

1972年建立广播站，配备有1台150瓦旧扩大器和1架电唱机，全站职工把该站办成地区先进站，全乡广播事业被誉为"闽东一枝花"。

1979年，福鼎、泰顺、平阳三县联合在分水关建"友谊亭"。

1983年，福鼎槟榔芋获外经贸部授予的"出口产品品质优良"荣誉证书，被列为国家品质优良出口名牌产品。

1984年，福鼎县农业局在管阳、贯岭建立的1079.8亩低中产田发行种植单季稻和双季稻示范片项目，于1986年获农业部科技进步二等奖。

1986年，福分公路福鼎段全线贯通沥青路面。

1989 年，首届中国食品博览会上，福鼎食品厂的槟榔芋粉获铜牌奖。

1989 年，福鼎槟榔芋获福建省首届工业品博览会银奖。

1990 年，全乡 12 个行政村村村通广播，259 个自然村有 238 个通广播。

1991 年，农业部电影电视制作中心采编人员在贯岭等地拍摄《福鼎槟榔芋》等专题片。

1991 年，建成全县第一座乡镇广播电视站大楼。

1992 年，全省农村广播宣传座谈会在福鼎召开，参会人员参观贯岭广播电视站，并听取经验介绍。

1993 年，104 国道拓宽工程动工。

1995 年，本地电话并入市局电话网，有邮路 3 条，共 68.3 千米。

2002 年 8 月，交通部办公厅发浙江省交通厅《关于同三国道主干线温州段增设苍南分水关互通口的批复》（厅公路字〔2002〕352 号），原则同意增设分水关互通立交。分水关互通工程于 2004 年底竣工。

2005 年 8 月，温福铁路贯岭段开始动工建设，于 2009 年 9 月通车。

2005 年，58 省道（分泰线）分水关段列入改建二期工程并开始动工，于 2007 年 10 月全线贯通。

2005 年 12 月 23 日，福鼎市委、市政府成立福鼎市贯岭工业走廊建设协调领导小组。贯岭工业走廊项目区第一期（选址大坪园）规划面积 818 亩，作为汽摩配件工业基地。

2008 年 8 月 28 日，坐落于贯岭镇茗洋村的"红茗洋纪念馆"建成，占地面积 480 平方米，建筑面积 400 平方米，共 3 层，分 5 个展区，陈列了 200 多幅展板和有关实物。

2011 年 11 月 1 日，福鼎市人民政府成立贯岭工业项目区管委会。

2012 年 6 月 14 日，《人民日报》、新华社、《经济日报》等 8 家中央媒体摄影部主任到贯岭镇开展采风活动，聚焦福鼎槟榔芋、黄栀子。

2013 年，贯岭镇被宁德市委、市政府评为 2009—2012 年度"平安乡镇"；被宁德市政府评为 2012 年度征兵工作"先进单位"；"福鼎槟榔芋"获国家级综合标准化示范区立项；"福鼎黄栀子"成为国家科技部"948"扶持项目，入选农业部举办的中国"美丽田园"农事景观，获得国家工商总局地理标志证明，并被确定为中央林业科技推广示范资金项目；贯岭工业项目区率先和苍南县人民政府实现协作共建，成为福建省第一批"山海协作"共建产业园。

2014，国家和省级重点项目海西高速公路网沈海复线福鼎至柘荣贯岭段项目安、征、迁工作全面启动。

2015年，贯岭镇被评为"2012—2014年度宁德市级文明村镇"；推进生态乡镇建设，顺利通过国家级"生态乡镇"考核；建成贯岭中心幼儿园并投入使用。

2017年，沈海高速复线（贯岭段）项目主线安、征、迁基本完成，新增福鼎北互通。福鼎北互通分别位于贯岭镇邦福村（往温州）和贯岭村战坪洋自然村（往福州）。

2018年，引进福建大医臻品、恒康、长鼎3家栀子精深加工和仓储企业落户工业园区；建设完成104国道白改黑工程；新建贯岭中心小学教学楼1栋5层，面积2800平方米，增加18个班级。

2019年，在贯岭镇成立中国（福鼎）栀子交易中心，进一步促进了栀子市场价格稳定和销售流通。

2022年，贯岭镇获评"省级乡村治理示范镇"，成立食品谷产业园，辖下松洋村、茗洋村获评省级乡村治理示范村。

省级以上劳动模范和先进人物

序号	姓名	单位/身份	奖项
1	王乃斌	贯岭第一生产合作社社员	1955年，被省人民委员会授予"省农业劳动模范"
2	温连油	贯岭公社分关大队内后洋生产队队长	1962年，被省人民委员会授予"省农业先进生产者"
3	钟义钟	贯岭西山村	1983年，被省人民政府授予"省民族团结先进个人"
4	施从禅	贯岭初中教师	1985年，被省人民政府授予"省先进教育工作者"
5	陈友三	贯岭学区教师	1985年，被省人民政府授予"省先进教育工作者"
6	林元水	贯岭广播站	1991年，被国家广播电影电视部、人事部授予"全国广播电影系统先进工作者"
7	邓昌朝	贯岭镇人民政府公务员	2019年5月，被福建省人民政府残疾人工作委员会评为"扶残助残先进个人" 2017年1月，入选中央文明办"中国好人榜" 2016年12月，被福建省教育厅、福建日报社等评为"感动福建十大人物" 2013年4月，被福建省委、省政府评为"福建省先进工作者"
8	陈锡鹤	贯岭司法所员工	2018年，被司法部表彰为"全国人民调解先进个人"